SOUVENIRS D'UN PRÉSIDENT D'ASSISES

AF503710

LES

PASSIONS CRIMINELLES

LEURS CAUSES ET LEURS REMÈDES

PAR

M. BÉRARD DES GLAJEUX

PRÉSIDENT DE CHAMBRE A LA COUR D'APPEL DE PARIS

PARIS

LIBRAIRIE PLON

E. PLON, NOURRIT ET Cie, IMPRIMEURS-ÉDITEURS

RUE GARANCIÈRE, 10

1893

Tous droits réservés

LES

PASSIONS CRIMINELLES

LEURS CAUSES ET LEURS REMÈDES

L'auteur et les éditeurs déclarent réserver leurs droits de reproduction et de traduction en France et à l'étranger.

Ce volume a été déposé au ministère de l'intérieur (section de la librairie) en décembre 1892.

PARIS. TYP. DE E. PLON, NOURRIT ET Cie, RUE GARANCIÈRE, 8

PRÉFACE

L'accueil très bienveillant qui a été fait à la première partie de mes *Souvenirs* m'engage à publier la seconde ; ayant montré, dans le premier volume, la situation des accusés vis-à-vis de la justice devant la Cour d'assises, *accusés et juges, accusateurs et avocats,* je me proposais de faire connaître, dans ce second volume, les crimes déférés à cette haute juridiction, suivant la nature des causes qui les avaient inspirés : l'amour, les mauvaises mœurs ou l'argent ; mais après avoir embrassé, sous le nom de *passions criminelles,* tout l'ordre de faits qui se rapportait aux crimes d'amour et aux crimes de mœurs, il m'a paru utile de ne pas terminer cette partie de mon sujet qui rappelle un peu un cours d'anatomie morale, sans indiquer, après le mal, les remèdes qui pourraient le guérir. Il est souvent question, dans les pages qui vont suivre, des enfants et des jeunes filles, mais ces études ne sont faites ni pour les uns ni pour les autres ; j'ai cherché à les préserver et non à les instruire. J'ai dit ce que j'ai vu, beaucoup moins que ce que j'ai vu, cachant sous le voile de l'expression les choses trop nues et ne craignant pas, pour atteindre un but moral, de dire sans voiles les choses vraies.

La dernière partie du volume est consacrée aux œuvres de bienfaisance qui sont établies en faveur des anciens condamnés qu'on désigne sous le nom de libérés : elles se résument toutes dans un mot, qui est l'expression d'une idée bien juste, *le patronage*. Après trente-trois ans de vie judiciaire, je ne connaissais que très imparfaitement les *patronages des libérés;* ils m'ont rempli d'admiration pour les hommes et les femmes charitables qui s'y consacrent fructueusement et sans bruit; les personnes qui voudront bien me lire ont plus d'excuses que moi de ne pas les connaître; si leur attention se portait sur des malheurs auxquels il est cruel de ne pas pourvoir, malgré les torts du passé, et qu'elles voulussent bien contribuer au développement des institutions que j'indique, par leur générosité et leur concours, ce serait pour moi parmi ces souvenirs le meilleur à conserver.

J'ai dû, devant les développements donnés aux causes et aux remèdes des passions criminelles, remettre à un troisième volume ce qui concerne les crimes d'argent;

il me reste une étude à faire sur les vols considérés au point de vue des mœurs et des procédés propres aux justiciables habituels de la Cour d'assises de la Seine et des tribunaux correctionnels ; en outre, après avoir examiné les grandes affaires d'assassinat, d'emprisonnement et de meurtre, qui ont été inspirées par la cupidité, après avoir suivi les agressions nocturnes dans les rues de Paris et le serpentement continu du vagabondage sur toutes les routes de France, je voudrais signaler à l'attention les faux, les délits connexes d'escroquerie, les extorsions de signature, et surtout les abus de confiance. Les indigents à Paris sont la proie d'une certaine catégorie d'agents d'affaires, rapaces et retors, insaisissables au fond de leurs réseaux de procédure comme des araignées au centre de leurs toiles ; dans un genre différent, mais presque aussi coupables que les courtiers dont nous parlerons à propos des crimes de mœurs, les agents d'affaires font la traite : c'est la *traite des pauvres.*

Je n'ai pas besoin de dire qu'il n'y a pas une observation dans ce volume qui ne repose sur un fait, et pas un fait que je ne puisse établir par des preuves judiciaires ; dans les affaires à huis clos elles-mêmes, indépendamment des informations données par la presse, il y a toujours publicité, pour l'arrêt de renvoi, le verdict du jury, l'arrêt de condamnation et les incidents de procédure ; les statistiques criminelles se forment par l'analyse de tous ces documents ; c'est à l'aide du même travail que j'ai pu parler, sans violer les règles du huis clos, d'un grand nombre d'affaires dont les débats n'avaient pas été publics.

Recueillir les observations faites jour par jour dans une longue suite d'audiences criminelles, en concentrer la substance et publier, sous le titre de *Souvenirs*, ce qui peut présenter, au point de vue de la justice et de l'étude du cœur humain, un résultat intéressant à connaître, ceci n'a rien qui soit de nature à effaroucher les consciences les plus austères, et les précédents ne manquent pas dans une carrière où la tradition est justement en honneur : en 1861, M. Eugène Lambert, conseiller à la Cour impériale de Rennes, qui avait longtemps présidé les assises en Bretagne, publia sous ce titre : *Philosophie de la Cour d'assises*, un livre excellent, composé avec ses souvenirs de président; il en fut de même d'un autre magistrat breton, M. Caradec, ancien président du tribunal civil de Vannes, qui livra également à l'impression, en 1863, ses *Souvenirs judiciaires*.

Si un magistrat faisait un livre sur la manière de diriger le jury, loin de le blâmer d'avoir violé un secret professionnel, il faudrait le remercier hautement d'un travail qui rendrait d'immenses services ; car il ne peut pas exister de secret professionnel vis-à-vis d'une institution qui change du nord au midi, où les jurés du lendemain ne ressemblent pas à ceux de la veille, où les jurés du soir diffèrent de ceux du matin. Parler peu, observer beaucoup, appliquer, quand on le peut, dans les affaires qui suivent, le fruit des observations recueillies dans les affaires antérieures, voilà le seul secret professionnel que j'aie jamais connu à la Cour d'assises ; encore y a-t-il toujours des circonstances où des hommes à part et des choses inédites déroutent les expériences et contredisent les précédents.

LES PASSIONS CRIMINELLES

CHAPITRE PREMIER

LA QUESTION DU CRIME.

Nous avons vu dans la première partie de cet ouvrage que les *accusés* étaient des inculpés, hommes ou femmes, qu'un arrêt de la chambre des mises en accusation a renvoyés devant la Cour d'assises. Mais les motifs de ces arrêts de renvoi ne sont pas des motifs arbitraires, abandonnés à la discrétion des juges : nul ne peut être traduit devant la Cour d'assises s'il n'a commis des actes définis par la loi pénale et punis par elle de peines afflictives et infamantes ou infamantes seulement : les faits ainsi catégorisés constituent des crimes.

Les peines afflictives et infamantes sont : la mort, les travaux forcés à perpétuité, la déportation, les travaux forcés à temps, la détention et la réclusion ; les peines infamantes sont la dégradation civique et le bannissement. Après ces modes de répression, il n'y a plus dans nos lois pénales que l'emprisonnement, l'amende et certaines interdictions applicables tant par les tribunaux correctionnels que par ceux de simple police. A suivre le langage judiciaire, les crimes sont donc des infractions à la loi pénale punies, à raison de leur gravité, des châtiments les plus sévères dans l'échelle des peines.

Ce n'est pas à dire que la Cour d'assises ne statue que sur des crimes ; d'abord certains délits lui sont déférés par des lois spéciales, tels que les délits de presse et les délits politiques, et ensuite certains crimes se transforment en délits à l'audience même, si le jury a écarté les circonstances aggravantes, comme l'effraction ou les fausses clefs en matière de vol, ou s'il a admis des circonstances atténuantes, par l'effet desquelles la peine criminelle édictée par la loi est abaissée à une simple peine correctionnelle telle que l'emprisonnement; mais en principe et sauf ces dérogations, accusé, Cour d'assises, crime, sont trois mots qui se correspondent dans l'ordre des juridictions.

La question du crime est posée aux jurés sur une feuille spéciale dite « *feuille de questions* », qui leur est remise par le président au moment où, les débats étant terminés, ils entrent pour délibérer dans la chambre de leurs délibérations; en marge de l'énoncé de la question se trouve une case blanche où le chef du jury, après le vote, doit écrire un *oui* ou un *non;* la formule à laquelle les jurés répondent, est ainsi conçue :

Pierre est-il coupable d'avoir en 1892 *à Paris volontairement donné la mort à Paul?* C'est la question du crime de meurtre. S'il s'agit d'un assassinat, une seconde question leur sera posée dans les termes suivants : *Pierre a-t-il agi avec préméditation?* Mais quelque compliquée que soit une affaire, la question du crime sera toujours formulée d'une manière aussi simple.

Les jurés, comme on le voit, n'ont pas seulement à dire si Pierre a commis le crime de meurtre, mais s'il est *coupable* d'avoir commis ce crime, ce qui est tout différent, car on peut avoir commis un fait criminel, sans être coupable d'un crime, si l'auteur du fait n'a pas compris par suite d'un événement quelconque la portée de son action : tel est le cas des enfants, des déments, des inconscients et, d'une manière générale, de tous ceux qui font le mal sans l'avoir voulu.

Un double examen s'impose donc au jury : le premier porte sur l'existence du fait criminel, pour savoir si le fait a eu lieu et si l'accusé en a été l'auteur ; le second concerne l'intention criminelle, pour savoir si l'accusé a eu conscience du crime qu'il a commis. Dans le premier cas, c'est affaire de logique, et les moyens d'appréciation sont fournis par les preuves ; dans le second cas, c'est affaire de psychologie, et l'appréciation doit être faite d'après le caractère du criminel lui-même et la connaissance générale du cœur humain.

Le discernement des preuves est facile : témoignages, expertises médicales, constatations matérielles, présomptions, tout est présenté au jury avec beaucoup de soin et dans un ordre parfait : certains condamnés se plaignent d'avoir été condamnés sans preuves, en revanche certains acquittés pourraient se vanter d'avoir été acquittés malgré les preuves : l'un est possible comme l'autre, car les jurés sont libres de juger comme ils l'entendent, le serment qu'ils prononcent au début de chaque affaire ne les obligeant qu'à se décider « d'après les charges et les moyens de défense, suivant leur conscience et leur intime conviction », sans faire connaître les motifs qui les ont déterminés.

L'appréciation de l'intention criminelle est beaucoup plus délicate : car il faut descendre dans une région incertaine et mal connue qui est la conscience humaine : très éclairée chez les uns, très voilée chez les autres, ses phénomènes psychologiques se refusent à l'analyse exacte, qui s'opère aisément dans l'ordre des faits.

Aussi quelle distinction féconde en développements oratoires devant la Cour d'assises que celle du fait et de l'intention criminels ! C'est le sujet du premier élan du jeune stagiaire lorsqu'il plaide à ses débuts dans une affaire de vol avoué : mêlant à sa démonstration une flatterie ingénieuse pour les jurés, il manque rarement de leur dire : « Messieurs les jurés, mon client a tout avoué, je le reconnais : mais pas besoin ne serait de déranger de leurs occupations douze hommes intelligents et capables comme vous l'êtes, s'il ne s'agissait que d'enregistrer l'existence d'un fait accompli : votre mission est plus haute, vous êtes juges des consciences : quelque établie que soit la matérialité des faits à la charge de l'accusé, vous avez le droit de dire, en vous préoccupant uniquement de ses intentions : Non, cet homme n'est pas coupable, des circonstances plus fortes que sa volonté ont détruit sa responsabilité : où le bras seul a failli, on ne punit pas la tête... »

Voici la question du crime telle qu'elle se produit dans ses termes les plus simples et sous sa forme élémentaire devant la Cour d'assises : mais elle se rattache à une question plus haute, l'existence du libre arbitre : car, si pour être coupable l'homme doit être responsable, pour être responsable il doit être libre, c'est-à-dire maître de choisir entre le bien et le mal, de faire ou de ne pas faire ce que les lois lui ont défendu : « La question, dit Bossuet à la première page de son *Traité du libre arbitre,* est de savoir s'il y a des choses qui soient tellement en notre pouvoir et en la liberté de notre choix que nous puissions ou les choisir ou ne les choisir pas. »

CHAPITRE II

LE LIBRE ARBITRE.

Cette « liberté de notre choix » dont parle Bossuet, elle serait bien précaire pour les criminels de nos jours, s'il fallait croire les docteurs des écoles anthropologiques italiennes ou les anthropologistes français de l'école de Nancy : leurs doctrines très familières dans un certain milieu de didactique judiciaire, prétendent établir que les auteurs de la plupart des crimes sont poussés fatalement à les commettre et ne pourraient pas, quand bien même ils le voudraient, choisir un parti beaucoup plus raisonnable qui serait de ne les commettre pas : les criminels subissent, soit une impulsion congéniale de leur nature d'après les théories italiennes, soit la suggestion hypnotique d'autrui d'après les idées professées à Nancy : quant à la faculté de vouloir qui était considérée jusqu'à présent comme l'instrument donné aux hommes pour trancher leur destinée, ce que Berryer appelle quelque part le fier et généreux vouloir de l'homme, cette faculté de vouloir n'est plus, au sortir de certains étaux de l'anthropologie, qu'une lame sans fil, tristement ébréchée.

L'anthropologie est définie généralement l'histoire naturelle de l'homme, et comme dans cette histoire les crimes jouent un grand rôle, l'anthropologie criminelle est devenue l'une des branches principales des sciences anthropologiques : c'est l'histoire naturelle de l'homme criminel : histoire écrite par des professeurs et des savants avec un grand art d'observations et de recherches, mais sans mesurer à des angles suffisamment larges les lignes diverses de l'humanité.

L'École anthropologique italienne paraît déjà sur son déclin, et le congrès anthropologique de Bruxelles, du mois de septembre 1892, a prononcé son oraison funèbre (1); mais au moment où ces idées nouvelles commençaient à se répandre en France, rien n'était plus curieux à observer que la physionomie des jurés lorsqu'un avocat érudit hasardait que son client pourrait bien être « *un criminel-né* » tel que le docteur Lombroso l'a

(1) « La réussite du congrès de Bruxelles montre des directions nouvelles dans l'anthropologie criminelle : 1° disparition complète du type criminel, du criminel-né de Lombroso : dans la discussion des rapports de M. Houzé et Warnots qui ont confirmé pleinement le rapport de Manouvrier au congrès de Paris de 1889, il n'y a eu qu'une voix sur l'*inanité de la doctrine lombrosienne;* 2° ... » *Archives de l'anthropologie criminelle*, livraison du 15 septembre 1892, p. 472.

défini dans l'*Uomo delinquente* (1), c'est-à-dire un fou moral échappant à toute responsabilité, ou bien que fils d'un père criminel, cet accusé serait irresponsable par droit de succession comme portant le crime dans le sang, ou bien encore que, reprochable sur tout le reste, il échapperait à la répression sur le crime spécial qui lui était imputé, parce que la conformation de son cerveau le prédestinait à cette spécialité de crimes : ce qui résume les trois unités anthropologiques du docteur Lombroso. Les jurés qui voyaient devant eux un vi-

(1) L'École anthropologique italienne a pour chef le docteur Lombroso, professeur de médecine légale à l'Université de Turin, dont l'ouvrage principal est l'*Uomo delinquente;* les autres membres de cette école sont M. Ferri, professeur à l'Université de Rome, qui a publié l'*Imputabilité* et ensuite *Nuovi orizonti di diritto penale;* le baron Garofalo, vice-président du tribunal civil de Naples, auteur de la *Criminologie,* et enfin le docteur Napoléon Colajanni, qui a composé la *Sociologie criminelle* (*Sociologia criminale*), sans parler de la revue qui se publie à Naples sous le titre de *Revue d'anthropologie criminelle,* et qui tient ses lecteurs au courant des progrès de l'École.

goureux gaillard, ayant exécuté avec beaucoup de malice un crime prémédité auquel il avait intérêt, ne s'attardaient pas longtemps à ces utopies : ils se disaient qu'en admettant même l'existence d'une prédestination criminelle, ainsi que les anthropologistes prétendent l'avoir constatée par leurs enquêtes, une contre-enquête pourrait démontrer que beaucoup d'individus portant tous les signes voulus pour cette prédestination, n'en étaient pas moins restés d'honnêtes gens, bien que leur situation fût plus exposée que celle de l'accusé ; ils savaient d'ailleurs que les doctrines proposées n'avaient aucun cours en Italie (1), et

(1) Les Italiens, qui joignent à beaucoup d'imagination un sens très pratique, se sont bien gardés d'adapter leur nouveau Code pénal, promulgué le 1er janvier 1890, aux idées anthropologiques. Mais pour ne pas désobliger une École nationale, ils n'ont pas affirmé le libre arbitre : ce qui était, somme toute, assez indifférent, puisque, sans affirmer le principe, ils en faisaient l'application. L'histoire du Code pénal italien a été écrite d'une plume alerte et très finement taillée, comme il convenait pour parler choses italiennes, par l'avocat général Harel,

que les fils des anciens brigands italiens, s'il en existe, qui exciperaient de l'atavisme devant les Cours d'assises de Pérouse ou de Bologne pour être acquittés, y seraient très mal venus.

Les jurés accueilleront-ils mieux les idées de l'École de Nancy sur la suggestion et l'hypnotisme? Ils écouteront certainement avec intérêt des démonstrations

dans son discours du 17 octobre 1892, à la rentrée de la Cour d'appel de Paris. « La seule victoire, disait-il, que la nouvelle École ait remportée auprès du législateur italien, c'est de l'empêcher d'affirmer en termes formels l'existence du libre arbitre. On lit dans le rapport ministériel « que la question « du libre arbitre était trop discutée et trop abstraite pour être « prise comme pierre angulaire de la responsabilité pénale, « et qu'il valait mieux fonder l'imputabilité sur le caractère « volontaire de l'acte, indépendamment du libre arbitre ». La distinction nous semble illusoire, et les rédacteurs du Code ont été entraînés par la logique des idées à faire du libre arbitre le fondement de la responsabilité. En comparant toutes les formules proposées dans les projets successifs pour définir l'imputabilité, on retrouve invariablement cette idée qu'elle ne s'attache qu'aux actes d'une volonté libre et réfléchie. La liberté des actes implique la liberté de la volonté, ce qui n'est pas autre chose que le libre arbitre. Nous croyons donc avoir eu raison de vous dire que le Code pénal italien n'avait pas abdiqué les anciens et vrais principes du droit de punir. »

présentées dans un beau langage et appuyées sur des expériences propres à l'orateur ; mais quand on leur aura bien expliqué la théorie du meurtre de Magloire que Paul commande à Pierre et que Pierre exécute par ordre de Paul, sans que Pierre qui tue veuille tuer et sans que Paul qui veut tuer fasse autre chose que vouloir, rentrant dans leur chambre de délibérations, ils laisseront à la porte la thèse et l'hypothèse et jugeront d'après leur bon sens et les principes ordinaires du Code pénal.

Jean-Jacques Rousseau a fait au dix-huitième siècle dans son *Émile* l'hypothèse fameuse du *Crime du Mandarin.* « S'il suffisait, dit-il, pour devenir le riche héritier d'un homme qu'on n'aurait jamais vu, dont on n'aurait jamais entendu parler et qui habiterait le fin fond de la Chine, de pousser un bouton pour le faire mourir, qui de nous ne pousserait pas ce bouton? » En supposant qu'au lieu de pousser le bouton, on puisse aujourd'hui, par l'effet de la suggestion, expédier un automate inconscient qui ferait discrètement mourir une personne, le moyen ne deviendrait-il pas commode pour ouvrir prématurément des héritages et satisfaire des vengeances?

Je ne crois pas que les jurés de notre époque innocentent jamais le *crime de l'automate* : les théories suggestives sont des bâtisses neuves dont personne ne voudrait essuyer les plâtres (1).

En 1890 (2), l'École de Nancy fit son entrée

(1) Un conseil de guerre vient de condamner un soldat qui, prévenu d'un meurtre, avait donné pour excuse qu'il était suggestionné par un autre. Il fut établi que ce soldat servait aux expériences d'hypnotisme de son officier; elles ont été interdites depuis ce fait par l'autorité militaire.

(2) Eyraud et sa concubine Gabrielle Bompard étaient accusés d'avoir assassiné l'huissier Gouffé. Eyraud fut condamné à la peine de mort, et Gabrielle Bompard à vingt ans de travaux forcés. Audiences des 16 et 17 décembre 1890, présidence de M. le conseiller Robert; M. le procureur général Quesnay de Beaurepaire; Mes Decori et Henri Robert, avocats.

à la Cour d'assises de la Seine dans l'affaire Eyraud, mais de ses élucubrations très ingénieuses il ne resta rien debout au point de vue criminel, après le réquisitoire du procureur général Quesnay de Beaurepaire qui soutint l'accusation :

« Si ces théories déplorables qu'on vous présente, dit le procureur général, pouvaient passer du domaine des conceptions littéraires qui est le seul qui leur convienne, dans celui des faits ; si l'hypnotisme, phénomène mal connu, est de nature à expliquer le crime, de façon à écarter la question de volonté, c'est la négation de la liberté humaine, nous ne pourrons plus à l'avenir parler de la conscience qui nous permet de demander compte au criminel du sang qu'il a versé, et le livre de l'éternelle justice sera fermé pour jamais (1). »

(1) Dans un remarquable rapport présenté au congrès de Bruxelles de septembre 1892 par le docteur Moritz Bene-

Me Henri Robert, qui plaidait pour la prétendue hypnotisée, Gabrielle Bompard, battit en retraite avec une grâce aimable sur le terrain de la suggestion scientifique, et la suggestion bien autrement puissante qu'il fit valoir au profit de la jeune femme, qui en recueillit une large moisson de circonstances atténuantes, fut l'attendrissement de la faiblesse unie à la souffrance : nous avons essayé de décrire, dans la première partie de cet ouvrage, l'influence de

dikt, professeur à l'Université de Vienne, sur les suggestions criminelles et la responsabilité pénale, nous lisons ceci :

« Le crime par suggestion existe-t-il et peut-il exister? Pour moi, je n'ajoute pas la moindre foi à son existence, je considère ce genre de crimes comme les produits d'une fantaisie scientifique malheureuse; je ne nie pas leur existence *théorique*, qu'on puisse en suggérer la simulation dans les salons et les laboratoires, mais je nie leur réalité *pratique*. L'exécution d'un crime, *surtout pour le criminel professionnel*, exige une certaine virtuosité qui ne peut être acquise que par des talents spéciaux et un certain exercice : il lui faut des collaborateurs auxquels il lui sera impossible de suggérer toute l'habileté nécessaire. Les chances d'échapper aux poursuites judiciaires seront bien petites. Le criminel qui conspire contre l'ordre établi n'est pas aussi naïf : *il laisse cette naïveté aux innocents savants.* »

la femme sur le jury (1) : cette suggestion est plus ancienne que l'École de Nancy; elle remonte à l'origine du monde, et la première formule qui en fut donnée, le fut par Ève.

Il y a aussi la suggestion par le caractère qu'on retrouve dans tous les crimes commis par plusieurs accusés agissant de concert : certains caractères plus résolus que les autres s'imposent aux indécis et dictent à des timides, qui obéissent malgré eux, ce qu'ils doivent faire. Lorsque les juges demandèrent au premier ministre de Charles Ier, Strafford, par quel moyen il avait réussi à s'emparer de l'esprit du Roi, Strafford répondit fièrement : « Par l'influence qu'une volonté ferme exerce toujours sur un caractère faible. » En dehors de ces deux suggestions, je n'en ai

(1) *Souvenirs d'un président d'assises,* 1re partie, ch. XIII : *Les femmes devant le jury.*

jamais connu d'autres à la Cour d'assises.

La seule difficulté pratique consiste à savoir comment, en fait et dans les circonstances de la cause, les jurés pourront reconnaître que l'accusé était bien pourvu de son libre arbitre au moment du crime. Sous ce rapport, je n'ai jamais compris pourquoi, devant la Cour d'assises, on retournait sur le gril la pauvre raison humaine pour savoir si elle avait eu le degré d'ébullition suffisant à la coopération d'un acte criminel, tandis qu'on apprécie si facilement et d'une manière si sûre devant les tribunaux civils si la raison a coopéré à un acte de la vie civile : les mariages et les testaments sont cependant des actes aussi importants que les abus de confiance et les vols, ils demandent autant de présence d'esprit et plus de réflexion, mais il est certain que la grande publicité des débats criminels et la présence du jury sont pour beaucoup dans ces démonstrations d'apparat sur les théories des facultés mentales.

Le Code civil dit très simplement que pour faire un acte valable il faut être « *sain d'esprit* », c'est la vieille expression du droit français qui se retrouvait autrefois à la tête de tous les testaments : « Moi, valide de corps et sain d'esprit... » Le principe est posé dans l'article 901 du Code civil pour la matière des testaments (1), mais il a été étendu à tous les actes de la vie civile, depuis le mariage qui est le plus important jusqu'au contrat de vente, qui est le plus simple.

(1) Aucun article de loi ne parle de la *captation*, qui joue un si grand rôle dans le langage des héritiers déçus de leurs espérances par l'existence d'un testament : s'ils veulent faire annuler un testament, il ne suffit pas d'alléguer que des influences intéressées ont pesé sur une volonté affaiblie et lui ont inspiré ses dispositions, mais il faut démontrer que, par suite de ces influences ou autre cause, le testateur n'était pas *sain d'esprit* au moment où il a fait son testament, c'est-à-dire qu'il était dément ou imbécile, ce qui n'est pas très facile à démontrer, quand le testateur n'a pas été interdit.

Cette sanité d'esprit n'est pas quelque chose d'arbitraire : elle est déterminée par la constatation la plus probante en matière d'acte, celle qui résulte de l'acte lui-même envisagé au double point de vue de ses dispositions intérieures et des circonstances qui ont marqué son exécution; au dedans de l'acte vous appréciez sa nature, son idée, la forme de l'idée : au dehors vous voyez par l'ensemble des faits qui l'ont précédé et suivi comment la pensée de son auteur a pris naissance et s'est ensuite réalisée, développée, modifiée ou simplement maintenue. De ce double examen résulte une lumière très suffisante pour dire en connaissance de cause si le libre arbitre a présidé ou non à l'acte en question. Telle était la manière de procéder de Daguesseau à propos du testament de l'abbé d'Orléans (1),

(1) 31e plaidoyer prononcé au Parlement par M. Daguesseau, avocat général, dans la cause de M. le prince de Conti

et la méthode de Daguesseau est restée la bonne.

Pourquoi ne se servirait-on pas des mêmes règles pour apprécier le libre arbitre de ceux qui commettent des actes criminels? actes civils, actes criminels, le diagnostic de la sanité d'esprit est toujours le même, et jamais on n'a distingué deux raisons, à l'instar de la distinction célèbre des deux morales.

et de Mme la duchesse de Nemours, sur l'appel d'une sentence des requêtes du Palais, qui ordonnait la preuve de la démence de M. l'abbé d'Orléans, dernier mâle de la maison de Longueville.

CHAPITRE III

LA QUESTION DE LA PEINE.

Après avoir considéré le crime au point de vue des deux conditions de son existence, le fait et l'intention, il convient de l'examiner au point de vue du traitement que l'accusé déclaré coupable devra subir : le traitement du crime est la peine : quelle peine sera applicable au condamné ?

La question de la peine succède à la question du crime ; et comme la précédente, elle doit être soumise au jury : c'est la question des circonstances atténuantes.

« *A la majorité, il y a des circonstances atténuantes en faveur de l'accusé.* » Si le jury a inscrit cette formule dans la seconde case blanche de la feuille de questions, à côté du *oui* énoncé dans la première case, cela veut dire : Soyez doux et modérez la peine de la loi : ou bien silence du jury sur les circonstances atténuantes, ce qui veut dire que la loi suive son cours : mais qu'il y ait admission ou non de circonstances atténuantes, le jury devra toujours délibérer sur le traitement pénal du crime.

Les circonstances atténuantes font descendre la peine de mort à celle des travaux forcés à perpétuité ou à temps, la peine des travaux forcés à perpétuité à celle des travaux forcés à temps ou de la réclusion, la peine des travaux forcés à temps à celle de la réclusion ou de l'emprisonnement, et enfin la peine de la réclusion à celle de l'emprisonnement : c'est la Cour qui choisit entre les deux degrés de peine et qui fixe le nombre d'années entre le maximum et le minimum. Ainsi le jury est tout à fait indépendant de la Cour pour décider si l'accusé est coupable et s'il mérite des circonstances atténuantes, mais la Cour est associée au jury pour déterminer la mesure du traitement pénal.

Le traitement des crimes a suivi une marche parallèle au traitement des maladies : les peines sont devenues plus douces comme les remèdes : si le châtiment marche toujours d'un pied boiteux, « *claudo pede* », comme le disait Horace,

> Raro antecedentem scelestum
> Deseruit pede
> Pœna claudo.
>
> (HORACE.)

il n'a plus la main aussi lourde. Quand on opérait de la taille, on brûlait la Brinvilliers : quand les pratiques chirurgicales étaient celles que nous voyons décrites dans la vie du chirurgien Larrey, pendant les campagnes militaires de l'Empire, les peines que le Code pénal impérial édictait en 1810 étaient la marque, le carcan, la mutilation du poing pour les parricides, et la peine capitale multipliée à l'infini (1) : concevrait-on aujourd'hui « *la chaîne* », qui a subsisté jusqu'à l'ordonnance royale du 9 décembre 1836, un troupeau d'hommes enchaînés deux à deux, circulant à pied sur les grandes routes pour gagner les bagnes de Toulon, Rochefort ou Brest, parqués le soir dans des étables humaines, vociférant, hurlant et salués sur leur parcours par cette exclamation des localités habituées au passage : « Ce n'est rien, c'est la chaîne (2). »

(1) CHABROL-CHAMÉANE, ancien magistrat, *Esquisse historique de la législation criminelle*. Nevers, Duclos et Fay, 1842.

(2) Voici comment la *Gazette des Tribunaux* du dimanche 19 juillet 1835 rendait compte du départ de la chaîne :

« Hier plus que jamais les avenues de Bicêtre étaient encombrées de brillants équipages, dont les maîtres essayaient

Les découvertes de la science ont produit un inventaire inédit des misères de l'humanité : nombre de faits habilement recueillis ont éclairé d'une lumière nouvelle les affections morbides de l'intelligence, un travail de déduction très bien opéré a révélé un mal secret qu'on ne soupçonnait pas auparavant. C'est sous ce rap-

vainement d'entrer dans les cours de la prison pour assister aux préparatifs du départ de la chaîne des forçats. A midi, ces malheureux sont descendus dans le préau pour subir l'opération du ferrement. Après le ferrement, qui a duré depuis midi et demi jusqu'à trois heures, on a fait l'appel nominal pour s'assurer de l'identité des condamnés, et au premier signal ils se sont rangés en carré dans le préau, où M. l'abbé Montès est venu les rejoindre. A la vue de ce vénérable ecclésiastique, leur bienfaiteur, tous les forçats s'inclinent avec respect, et M. l'abbé Montès adresse à ceux qu'il appelle ses enfants une allocution dont voici quelques passages : « Vous êtes bien malheureux, mes enfants, et ce qu'il y a de plus affligeant pour vous, vous êtes malheureux par votre faute. Cependant je ne viens pas ici aggraver vos chagrins en vous reprochant vos fautes, mais puisque la Providence permet que vous soyez punis en ce monde, méritez par votre conduite que vos souffrances vous soient un jour comptées. Vous ignorez le temps que vous avez à vivre ; mais quand bien même votre vie durerait le cours ordinaire, et que vous seriez obligés de subir toute votre peine, qu'est-ce que la vie la plus longue comparée à l'éternité ! Levez les port que l'anthropologie, dont les doctrines absolues sont fausses, quand elles nient le libre arbitre ou transforment en une sorte de casse-tête l'échiquier de la raison, a rendu service à l'esprit humain : les anthropologistes modérés, représentés en France par le docteur Manouvrier, le docteur Motet, le docteur Magnan, sont un peu les photographes de la souffrance ; ils

yeux vers le ciel, cette vue vous fortifiera contre vos maux, vous garantira du désespoir, réprimera vos murmures et vous fera éprouver des consolations jusque dans les fers, car telle est la force de la religion de remplir l'âme d'un certain contentement, même dans les situations les plus désolantes. » Telle était l'émotion des condamnés qu'après cette allocution aucun cri n'a été entendu pendant la pénible opération du ferrement. On fait alors sur eux, dans une cour secrète de la prison, une visite minutieuse, pour s'assurer qu'ils n'emportent aucun outil propre à limer leurs fers ; cette opération retarde le départ de plus de deux heures, et c'est à huit heures seulement et par une pluie battante que les condamnés sont sortis de Bicêtre, au milieu de plus de six mille personnes qui les ont suivis jusqu'au dehors de Paris. On remarquait M. le duc de Brunswick qui avait trois dames avec lui. De nombreux équipages aux armoiries étrangères ont accompagné la chaîne jusqu'à la barrière de Fontainebleau, et ils s'approchaient plus particulièrement du cordon des condamnés de Paris, qui par intervalles faisaient retentir l'air de leurs chants. »

ont fait la reproduction des mystères de la nature à des profondeurs jusqu'alors inexplorées : un écueil qu'ils ont eux-mêmes signalé se présente aujourd'hui devant eux, c'est la substitution de la responsabilité civile à la responsabilité pénale, nous en parlerons plus tard en terminant ce chapitre, mais anthropologistes, juristes, médecins, pénitentiaires (1), tous ont contribué à faire résoudre autrement qu'autrefois la question si humaine du traitement du crime.

Un avocat général ne dirait plus : « Ou cet homme est fou, et il faut le mettre dans un cabanon de Bicêtre, ou il ne l'est pas, et il doit monter sur l'échafaud » : excessif paraît le dilemme entre la maison centrale et la maison de santé : les médecins alié-

(1) Les pénitentiaires, dans le langage moderne, sont les hommes qui s'occupent de toutes les questions relatives à l'application de la peine, surtout de la peine de l'emprisonnement.

nistes constatent souvent une responsabilité qu'ils appellent *limitée,* tenant le milieu entre la responsabilité complète et l'irresponsabilité : bien que cette distinction ait soulevé des critiques, elle n'en a pas moins subsisté, parce qu'elle répond à un état des esprits ; la constatation de la responsabilité limitée, c'est une déclaration de circonstances atténuantes faite avant le verdict du jury par les hommes de l'art : dans le décompte de ces atténuations, les particularités propres à chaque individu tiennent une place importante, mais pour combien faut-il compter les conditions générales des existences actuelles, cette folle dépense en quelques jours des réserves de la vie, l'agitation produite par la transmission instantanée des événements, l'ardeur et la terreur de la publicité, l'affaiblissement des constitutions et la prédominance excessive des forces nerveuses ! Qu'ils sont rares, les hommes possédant leur âme en patience, comme le demandait Fénelon ! On appelait vapeurs au dix-septième siècle ce qu'on nomme aujourd'hui affections nerveuses : beaucoup de femmes écriraient-elles de leurs nerfs ce que Mme de Sévigné écrivait de ses vapeurs : « Je n'ai plus de vapeurs, je crois qu'elles ne venaient que parce que j'en faisais cas ; comme elles savent que je les méprise, elles sont allées effrayer quelques sottes... »

Devant la chambre des appels de police correctionnelle, comparaissent souvent des jeunes filles de quinze à dix-huit ans, qui sont renvoyées par le tribunal correctionnel dans une maison de correction pour y être élevées jusqu'à vingt ans : elles se présentent sous des apparences modestes, avec le petit fichu blanc et le bonnet noir de Saint-Lazare, et déclarent timidement avoir fait appel pour rentrer dans leurs familles; en général, la famille qui a provoqué l'envoi dans une maison de correction, qui l'a réclamé énergiquement après avoir épuisé les autres voies d'amendement, change d'attitude à l'audience et, prise de pitié, réclame la prévenue; celle-ci, à l'entendre elle-même, deviendra un modèle de bonne conduite, bien que l'ancienne ait laissé à désirer, car les notes du commissaire de police disent souvent : « Cette jeune fille connaît le vice dans tous ses détails. » Que la Cour fasse droit à l'appel, les choses se passeront bien; mais au contraire que le jugement soit confirmé, vous assistez à des crises de nerfs, vous voyez se produire un état pathologique très étrange, mélange de colère et d'hystérie : les gardes y mettent ordre en emportant la condamnée, mais l'éclat de ses cris se prolonge encore au dehors, et l'intervention calmante du docteur Floquet devient indispensable pour la soulager (1).

J'ai vu souvent à la Cour d'assises des hommes déjà mûrs se trouver mal pendant les débats ; c'était le plus souvent des *contumaces,* c'est-à-dire des criminels qui s'étaient cachés en France ou avaient fui à l'étranger pour se soustraire aux poursuites : pendant leur absence ils avaient été condamnés par défaut sans avoir été défendus, et ils venaient, après de longues années souvent, devant la Cour d'assises, volontairement ou par suite d'arrestation, se faire juger d'une manière définitive : ce qui s'appelle au Palais : *purger la contumace.* Ces hommes étaient rudes ; ils

(1) Le docteur Floquet est le médecin bienveillant et bienfaisant du Palais ; il a pour clientèle le personnel qui y demeure, les résidents et les malades de passage ; en 1891, il a traité 285 cas médicaux et 77 cas chirurgicaux ; le cas médical le plus fréquent est l'hystérie : 83 ; ensuite les syncopes : 67. Depuis 1880, le docteur Floquet a constaté au Palais 15 tentatives de suicide, 2 tentatives de meurtre, 1 attentat par le vitriol et 10 morts naturelles dues principalement à l'anévrisme ou à l'apoplexie !

avaient connu la misérable condition des émigrés, et plus d'un pouvait dire, comme Bismarck parlant de ses débuts dans la vie : « J'ai vécu vite et dur. » Eh bien! au souvenir de leur faute, en parlant des angoisses de leurs cachettes et des amertumes de l'exil, ces vétérans de la misère et du crime éprouvaient une véritable défaillance. Quelquefois l'effet nerveux se produit chez les accusés par l'arrogance : avant d'avoir parlé, ils sont déjà insolents : n'y prenez garde, écoutez-les froidement et surtout évitez d'entretenir par des reproches une violence calculée : ce sont des gens embarrassés pour répondre, qui veulent se dérober à vos questions en se faisant interrompre : s'ils sont trompés dans leur calcul, ils ne savent plus que dire, et le président qui a laissé tomber leurs attaques, est obligé par devoir de suppléer à leur défense.

Le danger anthropologique, si je puis me

servir de cette expression, se trouve actuellement dans une tendance très marquée à substituer, un peu partout en matière criminelle, une responsabilité purement civile à la responsabilité pénale qui est seule efficace pour punir les mauvaises actions. Les anthropologistes eux-mêmes ont signalé ce danger, et dans l'un des comptes rendus du congrès de Bruxelles publiés par le journal *le Temps* au mois de septembre 1892, l'un des orateurs disait avec raison : « Nous affaiblissons trop la responsabilité pénale et nous développons trop la responsabilité civile. » Les anthropologistes modérés sont enclins à une tentation toujours séduisante, qui est de faire œuvre de tiers parti ; ils prennent position entre les anciens principes du droit criminel et les théories extrêmes de l'anthropologie moderne : les uns disant que l'homme est coupable et les autres qu'il est inconscient, la transaction consiste à ne pas dire qu'il est inconscient et à ne pas dire non plus qu'il est coupable, mais à lui imposer la réparation du préjudice causé, en y ajoutant une amende proportionnelle pour le punir d'avoir occasionné ce préjudice.

Devant la Cour d'assises la théorie est sans application : les jurés qui aiment les situations nettes acquittent ou condamnent, et les mœurs françaises n'admettent pas beaucoup que l'accusé qui vient d'être acquitté par le jury soit condamné par la Cour à de gros dommages-intérêts envers la partie civile dont le grief principal a été repoussé, en raison d'un délit ou d'un quasi-délit voilés sous le crime. Mais il en est autrement devant les tribunaux correctionnels ; les idées anthropologiques ont enfanté dernièrement certaines théories relatives aux vols, et surtout aux vols commis dans les grands magasins ; les objets volés sont de peu de valeur, le prévenu dit avoir succombé à une tentation nouvelle qu'on appelle la tentation de l'éblouissement ; appartenant à une classe aisée de la société, il fléchit sous le poids de la honte et ne répond que par ses larmes à son juge : celui-ci se laisse attendrir et traite le voleur comme l'administration de l'Enregistrement traite le dissimulateur ; le dissimulateur paye en sus du droit auquel il était tenu un double droit ; le voleur qui a déjà remboursé le grand magasin paye, sous forme d'amende envers l'État, un double prix ; c'est la peine du *vol civil.*

Conception bâtarde, qui, si elle parvenait à former jurisprudence, violerait le principe fondamental de toute justice, l'égalité dans la peine : car enfin, en présence de cette amende infligée à des gens aisés qu'elle ne gêne guère, lorsqu'ils ont volé à l'étalage des grands magasins des objets dont ils n'ont que faire, quelle peine pourrait-on infliger à des pauvres qui auront volé à l'étalage des petits magasins des objets qui leur sont utiles? La théorie du vol civil ne les concerne pas, car là où il n'y a rien, l'amende perd ses droits : les acquitter, c'est l'impunité accordée au vol à l'étalage si fréquent à Paris, et la mise en coupe réglée de tous les magasins en plein air; maintenir à leur égard la peine de l'emprisonnement, c'est ériger en principe que la prison, en matière de vol, est faite pour les pauvres.

CHAPITRE IV

LA RESPONSABILITÉ CRIMINELLE.

Dès qu'une affaire à la Cour d'assises sort de la catégorie ordinaire des abus de confiance et des vols, le justiciable déclare qu'il était fou au moment du crime et affecte souvent de l'être encore à l'audience pour les besoins de sa cause. Celui qui se venge raconte qu'une force mystérieuse armait son bras et le poussait malgré lui à se faire justice à lui-même : quiconque peut exciper de l'amour prétend avoir été emporté sans avoir pu se contenir par l'impétuosité de sa passion ; on invoque la folie de la douleur à défaut d'autre ; nul ne se dit fou d'orgueil, et c'est cependant le cas le plus fréquent. En réalité, ces prétendus fous sont des gens très sages, qui, s'étant mis dans une mauvaise affaire, prennent les positions les plus favorables pour liquider leur responsabilité.

Le premier devoir du juge est de démasquer la folie mensongère et de rétablir le mobile du crime là où il est : sachons si ce passionné n'est pas simplement un débauché, si ce justicier du foyer de famille n'est pas un héritier pressé ou un prétendant éconduit, si ce mari qui venge son honneur conjugal ne cherchait pas une occasion commode de supprimer sans danger pour lui-même un rival encombrant, si cette Lucrèce n'avait pas provoqué son Tarquin.

Ceci fait, et en admettant que le criminel a réellement obéi à la passion qu'il désigne, il faut se demander si, indépendamment de la surexcitation nerveuse qui accompagne toujours les actions extraordinaires et violentes, le passionné que nous supposons a ressenti dans son intelligence un choc tel que son libre arbitre ait été supprimé ou tout au moins amoindri; et enfin, quand bien même cette impulsion de la dernière heure paraîtrait irrésistible, la question ne serait pas encore résolue, car il resterait à savoir si la responsabilité ne doit pas remonter en arrière, dans un moment qui se rencontre toujours, même dans les passions les plus violentes, où l'esprit est encore libre, le cœur dégagé, où l'homme se jette de propos délibéré, persuadé qu'il sera plus habile que les autres, dans la voie de sa perte.

Telle est l'anatomie du crime devant la Cour d'assises : la parole qui interroge dégage des éléments judiciaires le principe de la responsabilité, comme le scalpel qui dissèque dégage des organes du corps le principe du mal : l'objet de l'audience criminelle n'est pas autre ; mesurer à chacun sa part de justice suivant sa part de responsabilité ; en apparence, rien de plus facile ; à l'épreuve, la chose est malaisée, car les témoins ne disent jamais d'eux-mêmes ce qu'il est essentiel de savoir, et l'accusé qui à l'instruction ne trompe que le juge, y joint, quand il a un auditoire, une astuce particulière pour émouvoir le public dans son intérêt.

Notez que les Cours d'assises jugent en France par an 3,126 affaires, qui comprennent 4,258 accusés (1) ; que sur ce nombre 1,224 sont acquittés, 3,034 condamnés ; que par rapport à ces 3,034 condamnés, après la constatation de leur culpabilité, il y a lieu de faire de la situation respective de

(1) Nous avons pris dans tout le cours de cette publication le compte général de l'administration de la justice criminelle en France pendant l'année 1888, publié en 1891, comme base de la statistique criminelle. C'est le dernier compte général de justice criminelle qui ait paru.

chacun d'eux un examen nouveau pour savoir s'ils obtiendront ou non des circonstances atténuantes qui, en fait, sont accordées à 2,023 et refusées à 1,011 : le problème de la responsabilité se pose donc d'abord sur un ensemble de 4,258 têtes, avec double examen pour 3,034 ; lutte décisive, journée sans lendemain, où se joue en quelques heures la destinée d'un homme.

C'est là le grand côté de la Cour d'assises : elle figure assez bien le champ de bataille, où l'humanité coupable se tord en efforts impuissants contre la vérité et les lois, et tombe toute saignante sous leur étreinte : les premiers aspects en sont hideux, des bocaux remplis de chairs et de viscères, des crânes blanchis dont la boîte osseuse porte encore la trace des coups qui les ont fracturés, des déjections rabotées sur des parquets, des linges enraidis par le sang et le pus, toute une friperie de vêtements maculés, toute une ferraille de vieilles clefs aiguisées, des revolvers d'ivoire et des poignards de salon engainés dans du velours à côté de tire-points emmanchés dans un bouchon et de couteaux ébréchés rongés par le sang et la rouille; le rat de cave, le rossignol et la lime qui sont l'attirail de poche du voleur, à côté de la pince-monseigneur et du couteau de cuisine emmailloté dans une loque de torchon, que le cambrioleur dissimule sous ses vêtements pour les grands jours, des constatations prises dans les opérations les plus basses de la nature, des révélations qui soulèvent tous les voiles, des dissections empruntées à la tombe, et comme personnel du combat, des fuyards qui se dérobent pour ne pas donner leur témoignage, des transfuges qui passent d'une opinion à une autre, des narrateurs gonflés de venin, des rôdeurs qui se rencontrent pour achever par une déclaration imprévue des gens à terre, des filles de joie qui rient des morts : là, tout ce qui n'est pas cadavre est blessure, tout ce qui n'est pas impur est putréfié ; mais comme la vision céleste de la patrie flotte dans certains tableaux au-dessus d'un champ de carnage, ainsi l'image de la justice s'élève au-dessus de cet horrible mélange, c'est la défense de la vérité comme celle du pays qui rend ces horreurs nécessaires ; ces laideurs ont leur beauté : quelque répugnants que soient des débats de Cour d'assises, si une voix éloquente s'élève pour accuser la conscience humaine ou pour la défendre, les plus indifférents sentent passer dans leurs veines le frisson biblique du prophète, quand il voyait des os arides se redresser au souffle du Verbe divin (1).

(1) ÉZÉCHIEL, chap. XXXVII.

Voici le crime jugé par l'homme : mais n'attendez pas ces heures toujours incertaines d'émotions oratoires, pour vous faire une opinion sur une affaire, si vous avez charge de justice dans la direction des débats criminels : bien téméraire est celui qui, pour dominer une audience difficile, se fie à son inspiration ! Il faut avoir préalablement passé au crible, à huis clos et dans le for intérieur de sa conscience, tout ce qui établit la responsabilité d'un homme et tout ce qui l'infirme, ce qui l'accuse et ce qui l'excuse : c'est peu de connaître les pièces d'un dossier, si vous n'en pénétrez l'esprit, si vous ne cherchez dans l'homme les traits communs de la nature humaine, dans les faits les causes, dans les causes la part de responsabilité de la société et quelque peu la vôtre. Pour bien juger, il faut se mettre à la place de ceux qu'on juge : faites les réponses après avoir fait les demandes : ainsi le crime apparaîtra sous toutes ses faces pour être jugé avec mesure et sans exagération de langage dans la saine clarté des choses.

Faut-il aller plus loin et chercher ce qui se passe dans l'âme du criminel au moment du crime, avant, pendant, après? Ne l'interrogez pas lui-même, il vous tromperait, interrogez encore moins sa biographie, ses mémoires, tout ce qu'il a écrit dans sa prison, car il se trompe lui-même, il écrit comme peignent les peintres qui font leur portrait devant une glace, substituant à la réalité l'idéal souvent inférieur qu'ils se font d'eux-mêmes; mais interrogez les publicistes et les moralistes, les sermonnaires et les romanciers : un roman qui ne cherche pas à plaire par des descriptions licencieuses et qui dure, n'obtient son succès que parce qu'il a peint fidèlement la nature.

Où trouve-t-on, pour ne pas sortir du

genre qui nous occupe, un homme en action de crime plus fortement saisi, plus fouillé, que dans le roman russe de Dostoïewsky, intitulé : *Le crime et le châtiment?* Un membre de l'Académie française a dit avec raison que c'était « la plus forte étude de psychologie criminelle qui ait été faite depuis Macbeth (1) » : on intitulerait volontiers le livre de Dostoïewsky « Traité de la conception criminelle dans le cerveau humain », tant l'auteur démontre bien comment ce qui n'est au début qu'une pensée mauvaise, la velléité d'un désir, l'esquisse d'un rêve, un germe imperceptible, prend corps et se transforme avec le temps en un acte monstrueux. Une imagination qui s'abandonne conçoit des fantômes et finit par enfanter des forfaits.

Dans *Crime et châtiment,* le type crimi-

(1) Ed. Melchior DE VOGUÉ, *Revue des Deux Mondes,* 15 janvier 1885.

nel n'est pas un repris de justice, car il serait sans remords, ni un passionné, car l'équilibre n'existerait plus entre l'imagination et la raison, mais un homme jusqu'alors irréprochable, qui possède tout son sang-froid, chez lequel le crime est suggéré par une convoitise brutale, que des sophismes conformes à son intérêt justifient à ses yeux. En fait, le héros du livre est Rodion Romanovitch Raskolnikoff, étudiant de la treizième année dans la ville de Pétersbourg, perdu de dettes et s'en moquant, familier des tripots, généreux, désintéressé, prodigue de lui-même vis-à-vis des autres, leur donnant tout et se donnant lui-même, sans scrupules sur les moyens ; les victimes sont Alena Ivanovna, une vieille prêteuse sur gages, et sa sœur Élisabeth : le crime sera d'assassiner Alena pour la voler, et de sacrifier Élisabeth qui se présentera inopinément au moment du crime, pour supprimer son témoignage : le sophisme est cette conviction très développée chez Rodion Raskolnikoff, que la vieille est une *vermine* nuisible et que son argent, dont elle ne sait faire aucun usage, placé en des mains comme celles de Rodion, profitera à l'humanité. Comme défense devant une Cour d'assises, le raisonnement de Rodion laisse à désirer, et je ne crois pas que devant le tribunal où l'assassin d'Alena et d'Élisabeth Ivanovna fut condamné à huit ans de travaux forcés en Sibérie, seconde catégorie, le procureur du Czar ait eu de grands efforts à faire pour réfuter la défense. L'assassin se faisant juge de sa victime, le voleur s'érigeant en dispensateur du bien d'autrui ! quel vengeur pour le vice ! quel économe pour l'humanité ! Mais cette réserve faite, on voit combien l'idée de Dostoïewsky fournit à l'imagination : une âme honnête dans la peau d'un forcené ! Rodion veut et ne veut pas ; il veut parce qu'il a supputé un bénéfice, il ne veut pas parce qu'il a gardé une conscience : comme assassin, il est sans pitié, et le coup double sur les deux sœurs ne l'effraye pas; mais quand elles sont mortes, une sueur froide le prend, et comme voleur, il est au-dessous d'un enfant : de toutes les précautions que l'intelligence suggère pour obtenir l'impunité, il n'en omet aucune; mais, l'impunité assurée, il rôde sans cesse autour du bureau de police et défie témérairement le juge d'instruction Porphyre Petrovitch, qui est plus fort que lui, jusqu'à ce qu'à force de graviter autour de la lumière, il ait eu le sort du papillon qui se brûle les ailes au feu d'une lampe. J'ai lu quelque part qu'un homme de bonne conduite avait assassiné pour voler; l'idée du crime lui était venue de sa réprobation très fondée pour l'avarice de sa victime, et l'indignité de celle-ci avait justifié le meurtre pour celui-là : mais novice au vol, le sang répandu ne lui profita pas, il ne sut rien prendre ; seulement depuis cette époque, et malgré ses protestations d'innocence, il semblait toujours que sa personne troublée suait le sang. C'était en action le livre de Dostoïewsky.

Laissez de côté la genèse particulière de l'affaire Raskolnikoff : tout ce que le condamné de Sibérie a éprouvé, les condamnés des maisons centrales de Beaulieu et de Loos l'ont ressenti : au degré de procédure où l'étudiant de Pétersbourg a avoué son crime au juge Porphyre, les criminels de Paris avoueront le leur à M. Athalin (1). On tue partout de la même manière et on avoue partout à la même heure. Le grand

(1) M. Athalin, qui porte si loin, et j'ajouterai, si haut, les qualités du juge d'instruction, m'a dit souvent que le livre dont il avait le plus profité pour s'instruire lui-même dans l'art d'instruire les affaires criminelles, était *Crime et châtiment*. Je dirais volontiers aux jeunes magistrats qui veulent se former à l'instruction : « Lisez Dostoïewsky. »

mérite du romancier russe est d'avoir peint d'une manière saisissante et applicable à toute l'humanité le défilé où celui qui a conçu l'idée d'un crime s'engage presque fatalement, dès que cette idée a germé dans son cerveau : l'allure varie suivant les hommes, les circonstances accélèrent ou retardent la marche en avant, les étapes sont plus ou moins nombreuses; mais, du point de départ au point d'arrivée, la voie suivie est pour tous la même.

Vous est-il arrivé quelquefois d'observer d'un point élevé le lieu d'une tranchée profonde où s'engagent des locomotives ? L'une pénètre résolument, l'autre s'arrête avant d'entrer ; celle-ci file à toute vapeur, celle-là semble essoufflée et patine sur elle-même ; quelques-unes stationnent en cours de route, mais finalement toutes y passent : il n'en est pas autrement des hommes engagés dans la voie du crime.

CHAPITRE V

LA PASSION.

Quand une affaire criminelle a longtemps occupé l'attention publique, l'intérêt de l'affaire n'est plus dans le crime, il est à côté ; tous les détails sont connus d'avance, et comme il arrive d'ordinaire pour ce qui est vivement attendu, la réalité froidement exposée par des hommes du métier ne répond pas aux prévisions ardentes des imaginations populaires. Mais quels sont les dessous de ces surfaces sanglantes ? quels ressorts secrets ont agi ? quelle est l'idée de ce roman qui a été malheureusement une histoire ? Voici l'objet des études du président d'assises.

« Je rassemble, dit Sainte-Beuve, sur le personnage que je veux peindre, le plus d'anecdotes possible. C'est en effet dans un trait, dans une démarche, dans une parole, dans un simple geste, qu'on découvre tout à coup le caractère d'un homme. » Celui qui veut approfondir une cause criminelle ne doit pas procéder autrement; il trouvera dans une circonstance insignifiante pour un autre, dans un défaut moral, peut-être dans une difformité physique, l'explication de l'accusé : c'est une analyse *sui generis* du cœur humain.

Le plus difficile d'ordinaire est de découvrir la soudure qui existe entre deux tronçons très divers d'une même vie, car il est à remarquer que les grands criminels et surtout les grandes pécheresses jugés au tribunal des hommes n'avaient pas d'antécédents judiciaires : dans *Phèdre* de Racine, Hippolyte dit à Thésée pour se disculper de l'accusation calomnieuse d'inceste que Phèdre vient de porter contre lui :

« Examinez ma vie, et songez qui je suis.
« Quelques crimes toujours précèdent les grands crimes ;
« Quiconque a pu franchir les bornes légitimes
« Peut violer enfin les droits les plus sacrés ;
« Ainsi que la vertu, le crime a ses degrés ;
« Et jamais on n'a vu la timide innocence
« Passer subitement à l'extrême licence.
« Un jour seul ne fait point d'un mortel vertueux
« Un perfide assassin, un lâche incestueux (1). »

C'est le langage de la société régulière et bien ordonnée du dix-septième siècle : Geoffroy, qui fit le commentaire de *Phèdre* en 1808, applaudit à ce langage et mit l'observation suivante en note des vers qui précèdent : « Les sentences de Racine sont si justes, si modestes, si naturellement placées, qu'elles se fondent dans le discours. L'argument d'Hippolyte est *convaincant* et

(1) RACINE, *Phèdre*, acte IV, scène II.

n'est point dans Euripide. » Mais la même théorie serait démentie aujourd'hui par toutes les statistiques criminelles : les grands crimes ne sont pas précédés par « quelques crimes » : ils éclatent, comme un coup de tonnerre, dans un horizon serein. Papavoine, Mme Lafarge, le docteur la Pommeraye, Tropmann, les Fenayrou n'avaient jamais été poursuivis en justice; ils passaient sans transition de l'honnêteté la plus complète à l'état criminel; mais entre « cet état et cet état », comme disait Bossuet (1), un fait considérable s'était produit, la prise de possession de ces intelligences jusqu'alors inoffensives, presque innocentes, par une passion coupable qui les avait perdues.

L'étude d'un crime est l'étude d'une passion : c'est vers elle que la faculté d'in-

(1) Bossuet, *Sermon pour la profession de Mme de la Vallière.*

tuition doit être dirigée tout d'abord : les circonstances de la passion et ses dépendances indiquent toute l'affaire : la passion donne un sens à des extravagances qui déconcertent le raisonnement ; ses procédés dénoncent sa nature ; à certains signes vous reconnaissez son nom ; telle action, telle passion ; telle passion, tel crime.

CHAPITRE VI

LES CRIMES D'AMOUR.

« La chose qu'on appelle *amour,* écrivait une moraliste anglaise (1), est confinée à un très petit nombre d'années de la vie de l'homme, et même, dans cette fraction insignifiante du temps, il n'est qu'un des objets dont l'homme doit s'occuper parmi une foule d'autres objets infiniment plus importants. »

Néanmoins cet objet de peu d'importance est une cause très fréquente de crimes : il fait commettre les actes les plus effroyables par les hommes les plus doux. Ne confon-

(1) Mme CARLYLE.

dons pas cependant les « crimes d'amour » avec une multitude d'affaires qu'on décore aujourd'hui du nom de *crimes passionnels*. A lire les journaux de Paris, on croirait que l'amour y rencontre de grands obstacles, car des crimes passionnels sont narrés tous les jours ; il suffit que des relations plus ou moins affectueuses aient uni un homme à une femme pour qu'à la première discussion violente qui s'élève entre eux, on publie un fait passionnel. Dans les faux ménages qui envahissent de plus en plus la classe ouvrière, chacun se réserve le droit de se retirer si bon lui semble, mais ils entendent bien chacun des deux que l'autre restera constamment fidèle : le couteau, le revolver, le vitriol font justice des infidélités : en cas d'abandon, le déserteur est attendu au coin d'une rue, dans un passage, et le dialogue suivant s'engage : « Veux-tu revenir avec moi ? — Jamais. — Pourquoi? — Tu m'as rendu trop malheureux! — Si tu ne veux pas que nous nous remettions ensemble, voici pour toi... » Et un coup suit qui aurait pu être mortel, qui en général ne l'est pas, parce que l'arme est mauvaise et que la main tremble; mais comme les propos homicides sont constants, il en résulte une accusation de meurtre que l'avocat s'empresse de transformer devant la Cour d'assises en crime passionnel. Ces sortes d'affaires présentent la violation la plus flagrante de la liberté humaine, et ce n'est pas la peine de contracter des unions libres pour en sortir à coups de revolver; mais la passion n'a rien à voir dans un dénouement provoqué par le dépit, l'amour-propre froissé, le regret d'une habitude perdue, ou même des calculs d'intérêt, si la victime était une bonne ménagère ou un bon travailleur, difficiles à remplacer.

La seule cause vraiment passionnelle qui ait apparu dans ces douze dernières années, n'a pas été jugée à Paris : ce fut le crime de Chambige à Sidi-Mabrouck, dans la province de Constantine, jugé par la Cour d'assises de Constantine au mois de novembre 1888. En dehors de cette affaire profondément douloureuse qui émut l'opinion, je n'en vois aucune pendant ce laps de temps qui puisse offrir matière à une étude un peu suivie sur les crimes d'amour. Il ne s'agissait pas, en effet, dans ce qu'on a appelé le drame de Sidi-Mabrouck, d'une de ces actions violentes que l'amour inspire d'ordinaire pour venger une passion, l'homme amoureux qui tue la femme qui résiste, ou la femme amoureuse qui tue l'homme qui l'a quittée : ici rien de semblable, l'amour de l'un égale l'amour de l'autre ; une disposition des choses trop significative, hélas ! démontre l'adultère ;

en dehors de ce sentiment et de ce constat, rien d'établi : cependant dans une villa solitaire on a trouvé une femme sur un lit, souriant à la mort qu'un revolver lui a donnée, et à côté de la femme, un homme par terre blessé, sanglant et hagard ; mais que s'est-il passé entre eux ? tous l'ignorent ; ni témoin ni preuve : pour le procureur général, ainsi que pour Me Trarieux, avocat du mari de la victime qui s'est porté partie civile, l'homme a assassiné la femme pour la violer, ou s'il y a eu convention de suicide, ainsi que l'accusé le déclare, celui-ci est un lâche qui a manqué à sa foi : pour Me Durier, qui défend l'homme, c'est une tragédie d'amour dénouée par un double suicide où l'énervement du corps a empêché le survivant de réaliser jusqu'au bout sa propre destruction : dans tous les cas, c'est l'amour et l'inconnu, les deux éléments des grandes causes.

Aussi le crime de Chambige a-t-il passé rapidement des chroniques judiciaires dans les romans et même sur le théâtre : après qu'il en a été parlé tant de fois, en parler encore aujourd'hui paraît plus que téméraire, et cependant n'y a-t-il pas encore quelque chose à en dire, et les cordes les plus sensibles du cœur humain ne vibrent-elles pas toujours à ce souvenir? Lorsque, après la mort de M. Durier, M. Barbou prononça son éloge funèbre dans une réunion du Barreau, il reprit l'histoire de Chambige, la ciselant à l'antique comme une légende judiciaire gravée sur les contours d'un bronze funéraire (1),

« Durier fait à son tour l'histoire de ces singulières amours, « et par la clairvoyance avec laquelle les détails sont choisis « et disposés, par l'art merveilleux avec lequel il précipite « peu à peu le mouvement du style, de façon à rendre sen- « sible le grondement du gouffre vers lequel les malheureux « sont entraînés, il communique à son récit cette émotion « profonde qui fera vivre éternellement certaines nouvelles « de Diderot, de Balzac et de Prosper Mérimée, quelque « chose du frisson involontaire qu'éprouve l'âme la plus vulet bien que Durier eût plaidé certainement dans sa vie des causes plus importantes, cette réminiscence prima toutes les autres. Je voudrais, à un point de vue différent, présenter sur le même sujet des observations du *métier*, prises dans le fonds d'expérience des présidents d'assises, en joignant à ces observations l'étude comparée des crimes de même flamme que nous trouvons dans les précédents judiciaires. Dans un tableau de la passion dont une histoire aussi connue que celle de Chambige formera le cadre, les lecteurs verront plus facilement, si je ne me trompe, ce que je voudrais principalement démontrer ici,

« gaire en assistant à une représentation d'*Œdipe roi*. Rien « ne manque, la grandeur tragique des faits soutient et relève « tout, on voudrait pourtant trouver çà et là quelques touches « plus vives, et *quelques-uns de ces éclairs qui, en déchirant* « *l'écorce du cœur, mettront à nu le travail souterrain de la* « *passion.* » (Notice lue le 14 décembre 1891 à l'assemblée générale annuelle des anciens secrétaires de la conférence des avocats, par M. Barboux, ancien bâtonnier.)

la marche ascendante de l'amour et l'évolution de l'amour vers le crime.

Les hasards de ma carrière me firent rencontrer en 1868 à Verdelot, dans un petit coin de Seine-et-Marne, un drame semblable à celui de Sidi-Mabrouck : les décors étaient très humbles, mais le héros modeste, qui avait survécu comme Chambige, racontait son histoire devant la Cour d'assises de Melun de la même manière que celui-ci devait, vingt ans plus tard, raconter la sienne.

En 1835, devant la Cour d'assises de la Seine, Prosper Bancal, chirurgien de marine attaché au port de Rochefort, était accusé d'avoir assassiné à Paris, hôtel de l'Amirauté, rue Saint-Augustin, une femme mariée et mère de famille, Zélie Trousset, qu'il avait détournée de ses devoirs ; après avoir pratiqué inutilement deux saignées aux jambes, l'ouverture des artères d'un bras et l'empoisonnement par l'acétate de morphine, il lui avait percé le cœur, comme elle le demandait, d'un coup de bistouri, et retournant le bistouri contre lui-même, il s'était frappé trois fois sans mourir : ses impressions, qu'il révélait à la Cour d'assises avec le fanatisme de l'amour et le purisme du praticien, étaient les mêmes que celles de Chambige.

Parlerai-je de la catastrophe de l'archiduc Rodolphe, à Meyerling, dans cette maison forestière qui vient d'être convertie en un Carmel impénétrable, lieu de prière perpétuelle et de pénitence austère, en expiation d'une tragédie sanglante analogue à celle de Constantine ?

Il y a donc réellement pour toutes les conditions de la vie, encore qu'elles soient les plus hautes, à certains moments, et dans certaine occurrence, quelque chose de dévorant, une soif d'expansion et d'extinction, tout ensemble, qui sort des entrailles mêmes de l'humanité; hyménée lugubre et presque incompréhensible (1), quand la passion est libre, de l'amour et de la mort : car enfin ni à Verdelot, comme nous le verrons tout à l'heure, ni à l'hôtel de l'Amirauté, ni à Meyerling, les amours n'étaient très gênés; ils subissaient tout

(1) Voici l'explication un peu nébuleuse qui est donnée par la philosophie allemande : « L'amour n'est pas seulement une chaleur de vie qui conserve, c'est aussi un feu qui dévore : aimer, ce n'est pas seulement s'affirmer, c'est se nier. L'amour nous enfante et nous anéantit, nous donne la vie et nous l'ôte; il est du même coup l'être et le non-être; tu n'existes que quand tu aimes, mais tu n'es plus en toi, tu existes tout entier dans l'objet aimé; sans lui, tu ne serais rien, et c'est ainsi que l'amour est à la fois la source de toutes les joies et de toutes les douleurs, le principe de ton être et le principe de ta mort... » Ce passage est d'un penseur bavarois, Feuerbach, dans un livre qui parut en 1830 à Nuremberg sans nom d'auteur avec ce titre : *Pensées d'un penseur sur la mort et l'immortalité*. Après avoir cité le passage qui précède dans un article de la *Revue des Deux Mondes* du 11 septembre 1891, M. Valbert ajoute dans le même ordre d'idées : « Six ans plus tard, un grand poète italien, Leopardi, devait chanter le même air :

« Le destin engendra la mort avec l'amour;
« Frère et sœur, ils sont nés de lui le même jour. »

Fratelli a un tempo stesso, Amore e Morte
Ingenero la sorte.

au plus une légère contrainte qui assaisonne d'ordinaire la passion et l'aiguise. La situation de Chambige était autre : l'état de femme mariée, des enfants déjà âgés formaient devant lui un obstacle, et il est certain aujourd'hui qu'aucune défaillance de la femme n'avait précédé celle du dernier jour.

Le malheur fut l'animosité des deux familles, également honorables, dont l'honneur était versé au débat : la famille de la femme disait que l'accusé était un assassin, et celle de l'accusé, qu'il était une victime, la victime d'une femme de trente ans qui l'avait sacrifié après sa chute à son orgueil de puritaine; en réalité, Chambige n'était ni un assassin ni une victime, mais il avait vingt-quatre ans, et, comme beaucoup d'autres à son âge ou plus âgés, dans la ferveur de la passion, il avait préféré son amour à sa vie. Quand l'amour est entré à un certain point dans la tête d'un homme, il ne lui laisse ni repos ni trêve, jusqu'à ce que cet homme ait obtenu la possession de ses désirs : l'affection qui ronge le cœur y détruit tout ce qui pourrait le retenir : honneur, famille, talent, santé, patrie, devoirs, tout descend dans l'ombre à mesure que la flamme monte ; les croyances religieuses elles-mêmes perdent leur force, la perspective des peines éternelles s'efface (1), l'âme affaissée est sans ressort, les nerfs n'ont plus de maître, la fortune devient sans saveur : « Rien n'est plus et

(1) Chateaubriand, auquel il faut souvent revenir pour connaître le cœur humain, dans son roman d'*Atala,* où il montrait la religion aux prises avec les passions, ne craignait pas de faire dire par la « Vierge du désert » à Chactas, lorsqu'elle lui avoue son amour : « Quel songe n'est point sorti « de ce cœur si triste ! Quelquefois, en attachant mes yeux « sur toi, j'allais jusqu'à former des désirs aussi insensés que « coupables... Sentant une divinité qui m'arrêtait dans mes « horribles transports, j'aurais désiré que cette divinité se « fût anéantie, pourvu que, serrée entre tes bras, j'eusse « roulé d'abîme en abîme... » (CHATEAUBRIAND, *Atala.*)

plus n'est rien », comme disait la devise mélancolique et touchante des désespérés d'autrefois. Peu à peu un cercle inflexible se resserre, et le moment fatal arrive où, ne pouvant pas vivre avec sa passion, et ne voulant pas vivre sans elle, on préfère ne plus vivre du tout; par une maladie bizarre de l'imagination, la chose que la nature humaine hait le plus, la mort, devient la solution aimable d'une situation sans issue : suicide isolé et solitaire, si l'amour est méconnu; suicide à deux, s'il est partagé, par la submersion ou l'asphyxie; deux corps qui flottent entrelacés sur le courant d'un fleuve, un réchaud qui s'allume au foyer banal d'une chambre d'hôtel, et plus fréquemment encore depuis ces dernières années, suicide simultané par le revolver.

Les journaux américains ne racontaient-ils pas, il y a deux ans environ, qu'à New-York, dans une des *streets* les plus fréquentées de la ville, deux fenêtres s'étaient ouvertes en même temps l'une devant l'autre, dans deux maisons qui se faisaient face ; qu'un jeune homme avait paru à droite, une jeune fille à gauche, armés chacun d'un revolver, et que, à un signal convenu, chacun s'était donné la mort en regardant son vis-à-vis? Leurs parents n'avaient pas voulu consentir à leur mariage; ils n'avaient même pas pu se tuer l'un avec l'autre, mais ils s'étaient donné la satisfaction de mourir l'un devant l'autre (1).

(1) Ces suicides par amour ont inspiré une des légendes bretonnes les plus touchantes sur la baie des Trépassés. « Selon la tradition chrétienne, encore vivante dans le peuple, « dit M. Baudrillart, la baie des Trépassés est le rendez-vous « des âmes des naufragés. Le jour des Morts, on les voit cou- « rir sur la lame comme une écume blanchâtre et fugitive, et « toute la baie se remplit de voix, d'appels et de chuchote- « ments. Une touchante tradition populaire fait se rencontrer « ici les âmes de ceux qui se sont *suicidés par amour*, et, per- « dus dans la mort, une fois par an, ils ont le droit de se « revoir : le flux les réunit, le flux les sépare, et ils s'arra- « chent l'un à l'autre par de longs gémissements. » — *Revue des Deux Mondes* du 15 octobre 1884.

Quelquefois l'être plus faible craint le carnage : la femme a peur de se manquer si elle veut se tuer elle-même, et que, blessée, défigurée peut-être, elle ne traîne dans la solitude pour le reste de ses jours une existence souffreteuse et flétrie ; alors, par un raffinement d'amour auquel la coquetterie se mêle, elle veut que la mort lui soit donnée par celui qu'elle aime, avant lui et par lui. Ce pacte funèbre n'est pas rare dans les annales judiciaires ; tel fut le cas de Prosper Bancal : on trouva près de Zélie Trousset morte et de Bancal évanoui un journal où le chirurgien de marine avait fait, pour ainsi dire, son journal de bord, depuis la première tentative de mort jusqu'au moment où l'épuisement de ses forces ne lui permit plus d'écrire, et il y relatait la convention synallagmatique de mourir ; la même convention signala dans les circonstances suivantes le précédent de la Cour d'assises de Seine-et-Marne, dont j'ai parlé plus haut.

Au mois de décembre 1868, dans les grands bois de la Princerie, du canton de Rebais près Coulommiers, on trouvait le cadavre d'une jeune fille la tête fracassée; sa toilette était celle d'un jour de fête; au poignet droit était attaché un mouchoir blanc dont l'autre extrémité retenait par un nœud un fragment de mouchoir de couleur, et son sang, qui avait rougi la neige, lui avait fait une couche sanglante. C'était une petite paysanne de la commune de Verdelot, Alexandrine Rousselet, âgée de dix-sept ans; elle aimait un garçon du pays, Édouard Deletain; Deletain l'aimait; mais les parents n'ayant pas consenti à un mariage, les deux jeunes gens avaient résolu de se tuer ensemble. Un soir de bal de noce, après avoir dansé ensemble une dernière polka, ils s'étaient rejoints à travers des chemins différents dans un dessous de futaie éclairé par la neige, et leurs mouchoirs les attachant l'un à l'autre, avec un vieux pistolet d'emprunt Deletain avait tiré sur la jeune fille et l'avait tuée; il avait tiré ensuite un deuxième coup de pistolet sur lui-même, voulant se tuer et se blessant, mais ne se tuant pas : « M'étant manqué la première fois, disait sans périphrases à l'audience ce gros paysan qui ne se piquait pas d'être un Bayard, je n'ai pas eu le courage de recommencer, l'amour de la vie m'a repris, et j'ai préféré manquer à ma parole. » Alexandrine et Édouard n'avaient pas cependant de vernis romanesque, et peu d'entraves contrariaient leurs ébats : les bals publics, qui sont le fléau des mœurs dans les campagnes, leur offraient des rencontres faciles, et leurs amours plus ou moins devinées n'avaient eu pour témoins que les bois et les clairières qui n'en avaient pas révélé le secret; mais l'obstacle opposé par leurs parents à la réalisation complète de leurs désirs avait suffi pour les déterminer à la mort.

Mettez les mêmes passions dans un monde qui brille davantage, sous un soleil d'Orient, dans une colonie européenne qui lit et qui rêve, au milieu des influences dissolvantes que la lumière du ciel et les parfums de la terre, les arbres et les fleurs exercent aux derniers jours de l'hiver sous le climat attiédi du Midi sur les volontés les plus éprouvées (1) ; qu'une femme soit trop faible pour résister, trop fière pour entrer le front levé dans une vie de dissi-

(1) Je trouve dans un travail de Mme Alphonse Daudet sur les poésies de Mme Ackerman, qui fit des poésies tristes à Nice, où elle habitait une villa pleine de lumière et de gaieté, cette observation qui me paraît juste, que « la mélancolie « des pays de soleil s'accentue pour les esprits septentrionaux « et les porte à une clarté triste des choses dépouillées du « vague charmeur des ciels couverts ».

mulation et de mensonge; qu'elle arrive peu à peu, au travers des luttes et des larmes, à un sophisme de l'esprit comme il s'en glisse presque toujours sur la voie du crime pour amener les capitulations du cœur; qu'elle s'estime moins coupable si elle se punit elle-même, si sa première faute est la dernière, si la mort est le rachat de l'amour; que l'alternative de s'éloigner pour toujours, ou de se donner à la condition qu'ils mourront l'un avec l'autre, soit posée par une femme du monde à un collégien jusqu'alors éconduit, vous aurez l'idée vraie du drame de Sidi-Mabrouck; le procureur général requerra justement une peine sévère, parce qu'on ne doit jamais donner la mort, même à qui l'implore (1); les mo-

(1) L'acte d'accusation de l'affaire Bancal s'expliquait ainsi devant la Cour d'assises de la Seine, sur l'allégation de Bancal qu'il n'avait donné la mort à Zélie Trousset que sur l'instante prière de cette femme : « Dire que le meurtre fut commandé par un désir cent fois exprimé et par les ardentes prières de la victime, ce serait lui reconnaître le

ralistes s'élèveront avec raison contre les longs sommeils de la conscience qui préparent une chute éclatante, le jury acquittera ou condamnera; et la Cour prononcera une peine plus ou moins forte (1), mais la part du crime et de la passion aura été faite comme elle doit l'être : la passion qui explique le crime ne l'absout pas ; le crime qui condamne la passion ne la supprime pas.

pouvoir légal de déléguer à un autre le droit de vie et de mort sur elle-même : droit immoral, exorbitant, en dehors de toutes les conventions civiles, et dont aucun prétexte ne saurait légitimer l'exercice. » L'avocat général Plougoulm développait la même pensée dans son réquisitoire. « Il y a eu « consentement dira-t-on, mais ce consentement est un acte « de délire, ce n'est pas un consentement raisonné, et quelle « puissance pourrait forcer à s'y rendre? L'entraînement « d'une volonté plus forte que soi, non : l'homme a sa liberté « pour se défendre, sa raison pour distinguer le bien et le « mal. »

(1) Bancal fut acquitté, Deletain fut condamné à vingt ans de travaux forcés, et Chambige à sept ans de reclusion.

CHAPITRE VII

LES CRIMES DE MŒURS.

L'amour n'est pas la seule passion qui se dénoue à la Cour d'assises : à côté des « troubles du cœur », comme on disait au commencement de ce siècle dans le langage mesuré et distingué du temps (1), il y a les troubles de l'esprit, et ce qui est la pire source des actions criminelles, les troubles des sens. Le désir des jouissances que la fortune procure, le goût de l'argent, l'ambition, l'orgueil, la vengeance qui n'est le plus souvent que la revanche de l'orgueil, la

(1) CHATEAUBRIAND, *Atala*.

jalousie que Bossuet appelait, à propos du crime de Caïn, « la mère des meurtres (1) », exaltent l'esprit et rendent l'homme capable de faits barbares. Le docteur la Pommeraye qui empoisonna deux femmes, et Tropmann qui fit disparaître toute une famille, ont été dans ces temps derniers les exemples les plus fameux de ce que la soif de l'argent peut inspirer. Je ne parle pas des voleurs de profession, qui méritent d'être étudiés à part, comme nous le ferons dans la dernière partie de cet ouvrage, au point de vue de l'exercice technique de leur métier.

Les troubles des sens sont indépendants de l'amour : l'amour n'existe guère sans eux, ils existent souvent sans lui ; néanmoins ils s'abritent derrière son nom, et ce jeu, toujours inquiet de sensations et

(1) Bossuet, *Histoire universelle,* 1re partie.

de sentiments, est le plus difficile à régir. L'homme subit la loi des sens aussi forte et plus forte pour un grand nombre que la loi pénale qui est faite pour les régler. Le langage judiciaire a même sur ce point une énergie singulière : quand on parle des autres passions, on désigne toujours leur objet, la passion de l'argent, la passion des honneurs; mais quand il s'agit de la satisfaction des sens, on écrit la passion tout court, et nul ne se méprend sur la signification du mot isolé.

Les attentats à la pudeur, les détournements de mineur, la bigamie sont les crimes de mœurs proprement dits; les avortements, les infanticides ont pour objet d'effacer les suites des désordres de mœurs; l'excitation des mineurs à la débauche, les outrages publics à la pudeur, l'abus des passions et des besoins des mineurs sont des délits de mœurs justiciables des tribunaux correctionnels, mais jugés très souvent par la Cour d'assises comme délits connexes à des crimes dont le jury est saisi ; enfin, dans la plupart des crimes de droit commun, tels que l'empoisonnement, l'assassinat, le meurtre, les coups prémédités ayant occasionné la mort ou une infirmité grave, il y a presque toujours comme ressort caché le désir des sens à satisfaire ou leur vengeance à exercer.

L'explorateur qui jette la sonde dans les bas-fonds de l'humanité ne manquera pas d'y trouver la cause secrète des agitations tumultueuses qui l'ont surpris au dehors ; cherchez la femme dans les crimes de l'homme, cherchez l'homme dans les crimes de la femme, vous vous tromperez rarement ; dans les crimes d'immoralité sur les enfants, cherchez le vieillard. Les enfants sont exposés, de la part des étrangers, à certaines obsessions lubriques dont par nature ils ne se défendent pas; ils sont quelquefois dans leur famille, de la part de leurs *ascendants,* suivant le terme expressif de la loi pour désigner ceux auxquels nous remontons dans la lignée directe de la vie, les victimes innocentes et silencieuses de passions dénaturées. C'est ainsi, du moins, que l'homme et la femme, les enfants et les ascendants ressortissent aux débats de la Cour d'assises en matière de crimes de mœurs. Nous essayerons de le montrer avec l'exactitude des souvenirs : la psychologie la plus attristante peut-être, mais la plus vraie, est celle de l'audience.

CHAPITRE VIII

L'HOMME.

De l'homme vu à la Cour d'assises, il n'y a rien à espérer : le mot de Michelet « que le mâle est féroce » sera éternellement vrai dans toutes les histoires de crimes judiciaires où les mœurs sont engagées. Jeune, l'accusé est emporté ; vieux, il est rusé et pervers ; jeune ou vieux, il est pardessus tout égoïste, sacrifiant sans pitié à la satisfaction passagère de ses convoitises la liberté et le bonheur d'autrui.

Le docteur Tardieu écrivait en 1862, lorsqu'il publia la quatrième édition de son ouvrage (1) intitulé : *Étude médico-légale*

(1) Baillière et fils, éditeurs, rue Hautefeuille, n° 19.

sur les attentats aux mœurs, les lignes suivantes :

« Des faits d'un ordre tout nouveau, puisés dans des expertises récentes et sans précédents, m'ont apporté une fois de plus la preuve qu'en matière d'attentats aux mœurs, la limite du possible peut sans cesse être reculée, et que l'imagination la plus fertile ne saurait atteindre à la réalité lorsqu'il s'agit de ces dépravations morales, de ces monstruosités physiques qui forment le sujet de cette étude. »

Le mal n'a pas diminué depuis le docteur Tardieu. Ni le rang, ni l'âge, ni la fortune, ni les hautes fonctions, ni les habitudes de religion et de travail, ni le charme d'un intérieur sans nuage où la grâce réside avec la femme et l'espérance avec les enfants, rien n'élèvera une fin de non-recevoir insurmontable contre certaines accusations : entassez les présomptions, accumulez les invraisemblances, invoquez plus d'un demi-siècle d'une vie sans reproche, l'invraisemblable n'en aura pas moins été, à un moment donné, le réel et le vrai.

Pressé par ces contradictions inénarrables de la nature humaine, un avocat très distingué de la Cour de Paris, homme de lettres et d'infiniment d'esprit, Me Cléry, qui défendait devant moi à la Cour d'assises de la Seine un écrivain prévenu d'outrage à la morale publique et aux bonnes mœurs, s'approcha du jury et lui cita à mi-voix le vers suivant d'Alfred de Musset, vers étrange qui marqua à une certaine époque dans la poésie élégante et un peu musquée du chantre des nuits :

Tout homme a dans son cœur un cochon qui sommeille.

Dans ce qu'on voit à la Cour d'assises, le réveil de l'animal est terrible, et n'en pas tenir compte, c'est vouloir faire une autopsie sans connaître l'anatomie du corps humain.

Un ancien magistrat, qui connaissait bien les hommes et les affaires, disait souvent : « La très grande généralité des hommes arrive au terme de la vie sans avoir eu d'affaire d'argent ou d'affaire de mœurs, mais il en est très peu dont on puisse affirmer avec certitude, tant qu'ils sont encore de ce monde, qu'ils n'auront jamais, à aucune époque et dans aucune circonstance, ni affaire de mœurs ni affaire d'argent. »

Au point de vue des affaires de mœurs, l'âge n'y fait rien. Quoi de plus ravissant comme peinture que ce petit tableau du départ des passions par Victor Hugo, dans la tristesse d'Olympio, des *Rayons et des Ombres,* XXXIV :

Toutes les passions s'en vont avec l'âge,
L'une emportant son masque et l'autre son couteau,
Comme un essaim chantant d'histrions en voyage,
Dont le groupe décroît derrière le coteau.

Vous croyez les voir, ces voyageuses un peu turbulentes; elles se mettent en troupe et disparaissent sur le revers de la montagne de la vie; mais prenez-y garde, toutes ne font pas partie du cortège; quelques-unes restent en arrière, et celles dont nous parlons sont de ce nombre : voici venir la mort, et elles ne sont pas encore au bas du coteau.

Olympio, « dont l'âme est troublée », sent quelque chose qui palpite sous un voile au dedans de lui-même,

> ... en un repli sombre où tout semble finir.

Il en cherche la cause et s'écrie avec une conviction sincère, sans croire à l'illusion ni au mensonge, en terminant son chant de douleur :

> C'est toi qui dors dans l'ombre, ô sacré souvenir!

Mais ce souvenir ne sera pas le mot de

la fin, comme il l'espère, il s'y joindra des réalités encore dangereuses : s'il n'est armé de haute main et pour la lutte, les passions de la dernière heure se traduiront pour lui avec l'affaiblissement de l'âge par des actes de plus en plus humiliants.

Chose triste à dire ! l'âge ne corrige dans la nature humaine que ce qui est extravagant et en quelque sorte monstrueux : d'après les auteurs de toute sorte et les statisticiens qui se sont occupés de ce triste sujet (1), les passions honteuses qui sévissent de vingt-cinq à trente-cinq ans et surtout de quinze à vingt-cinq, s'éteignent à quarante ans : il semble que la nature se révolte alors contre le dévergondage d'imagination de la jeunesse et rentre en possession d'elle-même; mais il en est

(1) TARDIEU, *Étude sur les attentats aux mœurs*, p. 159. — *Les habitués des prisons de Paris*, par le docteur Émile LAURENT. Masson, 1890.

autrement de la débauche qui s'exerce dans les conditions moins flétrissantes : le compte général de l'administration de la justice criminelle en France pendant l'année 1888 qui représente le dernier état de la statistique criminelle, établit que le nombre des accusés poursuivis devant les Cours d'assises pour attentat aux mœurs de toute sorte était de 667 : sur ce chiffre de 667, 182 avaient dépassé cinquante ans, 90 étaient âgés de cinquante à soixante ans, et 92 de soixante ans et au-dessus. Au point de vue de l'âge des victimes, sur les 90 accusés qui étaient âgés de plus de cinquante ans, il y en avait 86 qui avaient commis leurs crimes sur des enfants au-dessous de quinze ans, et quant aux 92 sexagénaires ou septuagénaires, tous, sans aucune exception, avaient eu des enfants de moins de quinze ans pour victimes.

La débauche sur les enfants est le

propre des vieillards; l'immoralité jointe à l'égoïsme que les progrès de l'âge amènent, est le pire fléau de l'homme qui vieillit; ses vices, qui sont restés toujours jeunes, sont en quête d'une forme possible; quand sa situation ne lui permet pas le genre de mœurs qu'on appelle aujourd'hui *ancillaires* (1), il tombe dans les mœurs infantiles, la corruption siège dans ses vieux os.

Poursuivi par un Parquet vigilant, si le jury l'acquitte, il retournera honteusement dans son quartier, redouté des mères; si le jury le condamne, il ira dans une maison centrale comme celle de Thouars, dans les

(1) *Ancillaire* vient du mot latin *ancilla,* qui veut dire servante. On appelle mœurs ancillaires les habitudes de familiarité qui s'établissent entre l'homme âgé et sans intérieur avec la servante dont les soins lui deviennent nécessaires; il y a longtemps qu'on connaît les servantes de Molière, devenues les maîtresses au logis et souvent ailleurs; les mœurs ancillaires amènent souvent des testaments ancillaires, et l'influence de la femme sur l'homme qui vieillit est signalée par les héritiers mécontents, qui ne ménagent pas la mémoire du défunt.

Deux-Sèvres, qui abrite sur les bords de la petite rivière du Thouet, dans un ancien château des la Trémoïlle, les condamnés sexagénaires, et terminera ses jours dans les regrets, remuant encore des cendres éteintes que les derniers soleils de la vie ne réchaufferont pas.

CHAPITRE IX

LA FEMME.

La femme est la compagne de débauche de l'homme, elle l'incite et l'assiste; il vole pour lui donner des parures et tue pour satisfaire sa vengeance; au premier danger elle se dérobe, se réservant de le trahir. En face des Arianes abandonnées dont le jury acquitte les vengeances, il y a l'Ariane qui abandonne pour se faire la part meilleure au jour du jugement. Un peu plus tôt ou un peu plus tard, la femme qui a trempé ses mains dans le sang répandu par son amant, livrera celui-ci à la justice.

Telle femme se joint à son amant pour

préparer traîtreusement à son mari un guet-apens où il trouvera la mort; telle autre, surprise par son mari au cours de ses infidélités, se joindra à lui pour frapper et torturer au besoin l'homme qu'elle accablait de tendresses tout à l'heure. Une femme du monde à laquelle un magistrat rappelait une passion très réelle qu'elle avait eue quelques années auparavant pour un homme profondément malheureux, répondait : « De la passion, oh ! non, monsieur le juge, dites de la compassion... » La violence, pour ne pas dire la brutalité dans l'homme; la faiblesse, pour ne pas dire la lâcheté dans la femme, marchent de pair à la Cour d'assises.

A quarante ans, la femme criminelle change; rachetant le chiffre de ses années, qu'elle dissimule d'ordinaire (1), par la vi-

(1) Les femmes ont toujours vingt-neuf ans, trente-neuf ans, quarante-neuf ans ou cinquante-neuf ans devant la Cour

gueur de son tempérament, elle est dans le feu des passions actives ; les ressentiments, une jalousie impitoyable, la soif du plaisir arment son bras; elle met à satisfaire ses passions le sang-froid qu'on apporte aux choses qui vont finir et des ardeurs qui ne veulent rien perdre de leurs restes. Le nombre des femmes de cet âge qui sont accusées est peu considérable, et dans les maisons centrales, si elles y subissent une peine, elles deviennent des modèles de repentir et quelquefois de sainteté ; mais devant le jury où elles espèrent toujours

d'assises ; elles se rajeunissent généralement de dix ans ; mais, n'osant pas rester trop au-dessous de leur âge réel, elles prennent dans la dizaine précédente le chiffre qui se rapproche le plus de leur âge véritable; avant vingt cinq ans et après soixante-cinq, elles disent leur âge tel qu'il est. Le contrôle est facile, car devant le juge d'instruction elles ont dit leur âge réel ou se sont rajeunies d'une manière différente, mais à quoi bon ? L'élément du faux est le préjudice, et ici il n'y en a pas. Les Allemands sont plus sévères, car leurs journaux annonçaient récemment qu'une femme était poursuivie pour s'être attribué l'âge de vingt-cinq ans dans un témoignage, tandis qu'elle avait trente-cinq ans.

un succès, elles ne capitulent pas, c'est leur dernier combat.

Après cinquante ans, le chiffre des femmes criminelles diminue encore, et le type des accusées se modifie de nouveau : ce sont celles qui, ne pouvant plus servir leurs passions, servent les passions des autres : elles viennent répondre devant la Cour d'assises du crime d'avortement ou du délit d'excitation habituelle de mineurs à la débauche, connexe à des crimes.

A part quelques grandes affaires comme celle qui fut jugée par la Cour d'assises de la Seine dans une session extraordinaire du mois de décembre 1891, et dans laquelle figuraient quarante-cinq accusées, la physionomie des audiences ne varie pas beaucoup quand les accusations d'avortement sont déférées au jury : une sage-femme ou soi-disant telle s'assoit la première sur le banc des accusés : on la voit dure et raide, ou plutôt on ne la voit pas, tant elle s'enveloppe et paraît toujours occupée à cacher quelque chose; mais de larges lunettes, une taille épaissie, des vêtements amples et sombres dénotent le métier; à côté d'elle, une jeune fille plus ou moins ingénue, qui, par une particularité de la loi pénale en matière d'avortements, est poursuivie comme complice des manœuvres abortives qu'elle a fait pratiquer sur sa personne; plus loin, une amie déjà mûre, qui, moyennant un courtage, a mis en relation les deux premières.

La sage-femme nie ou invoque son secret professionnel : en tout cas, dit-elle, je n'ai employé que des remèdes innocents; la jeune fille avoue et pleure; séduite et abandonnée, elle a fait disparaître le fruit de sa honte, pour ne pas entacher l'honneur de sa famille; l'amie n'a cherché qu'une chose, qui était de rendre service ;

sûre de l'acquittement pour elle-même, elle est prodigue de vérités sur ses compagnes. Dans les avortements comme dans les infanticides, le séducteur est resté dans l'ombre : l'article 340 du Code civil, qui interdit la recherche de la paternité naturelle, le protège contre une indiscrète citation; c'est lui qui devient le bouc émissaire, le crime reste à sa charge, les trois femmes sont acquittées, et la justice paye les frais de l'affaire : la poursuite était cependant parfaitement fondée; les jurés n'en doutent pas, et quand ce sujet de conversation se présente, ils gémissent plus que les autres sur la dépopulation de la France dont les pratiques de l'avortement sont, pour partie, la cause; mais lorsqu'il s'agit de victimes qui ne sont pas devant eux, et s'il faut sévir pour une idée abstraite qui ne les intéresse pas personnellement, à moins que la femme ne soit très cynique, qu'elle n'ait à son actif des faits révoltants et qu'elle n'ait gagné dans son industrie illicite beaucoup d'argent, ils ne rapporteront jamais de verdict de condamnation.

Le proxénétisme, qui constitue dans sa qualification légale le délit d'excitation habituelle de mineurs à la débauche, n'est pas justiciable de la Cour d'assises, mais il y apparaît accidentellement comme délit connexe à certains crimes, tels que les crimes d'enlèvement de mineurs ou attentat à la pudeur : la chose se présente lorsque la victime du crime est une mineure, si l'individu qui l'a livrée à l'accusé fait le triste métier de trafiquer des mineurs, soit pour son compte personnel et en vue d'en tirer bénéfice, soit pour le compte des maisons de débauche avec lesquelles il traite moyennant courtage en qualité de *placeur*. Le jury est très curieux de ces sortes d'affaires qui lui ouvrent des horizons nouveaux sur les bas-fonds de la galanterie parisienne, et l'accessoire de l'accusation devient bientôt l'objet du principal intérêt.

La proxénète diffère complètement d'une praticienne de l'avortement : elle n'a rien de viril, aucune tendance à la barbe ; elle paraît femme pour l'avoir été, un maquillage pénible à voir la pare sans la réparer ; au point de vue moral, elle est au-dessous du dernier échelon : « un peu moins qu'une prostituée », comme le cardinal de Retz le disait de Marion Delorme.

Je laisse de côté la connexité du proxénétisme vulgaire, celui qui s'exerce dans une maison d'aspect honnête sous les dehors d'une réception privée : il y a invariablement dans ces sortes d'affaires la chambre verte ou la chambre bleue qui exerce un grand rôle sur des imaginations jeunes, sujettes, comme celles des enfants, à retenir surtout les détails ; une description très exacte des lieux, faite par les victimes avant tout constat, sert de contrôle à leur sincérité sur des points plus graves ; la proxénète nie ; à l'entendre, sa bonne foi est complète sur les questions d'âge, jamais elle n'aurait pu supposer qu'il y eût mineure en cause, et elle plaide son *pro domo* avec l'indignation de la vertu outragée.

La connexité est plus intéressante à étudier quand le délit est imputé à une *placeuse,* parce qu'une poursuite peut être plus efficace ; les cas isolés de débauche sont difficiles à saisir, et, en général, on ne les connaît qu'à la suite de querelles d'argent ; mais les bureaux de placement ont quelque chose de représentatif ; c'est une institution qui fonctionne, et, de quelque mystère qu'elle s'enveloppe, on peut, au moyen de descentes de justice, surprendre la maison et arrêter ses ravages.

Voici ce que nous lisons à ce sujet dans un rapport très remarquable qui était fait devant le conseil général de la Seine par l'un de ses membres les plus actifs sur les questions sociales, M. Berry. Après avoir raconté l'histoire d'une petite ouvrière de Melun, Emma B..., que sa tante, marchande aux Halles, avait adressée à un bureau de placement du quartier pour la placer comme domestique, et que le bureau de placement avait envoyée dans une mauvaise maison, M. Berry continue ainsi : « Le bureau de placement l'avait tout simplement louée dans une maison de débauche. Je ne sais pas si le bureau de placement avait été complice de cette infamie, mais il faut avouer que tout le laisse supposer, car ce n'est pas là un faitisolé, et il y a des bureaux tenus en général par des femmes dont la clientèle se compose presque exclusivement de maisons clandestines et qui les peuplent de petites abandonnées de province, espérant trouver une place à Paris et se jetant dans les bras des premiers venus (1). »

La placeuse ne va pas seule; elle a une compagne plus jeune qui est habituellement une ancienne victime amadouée et associée ; le soir venu, elles se rendent dans les jardins publics, sur les places, à l'entour des gares, pour jeter le filet sur une épave flottante de la misère; les bancs de la place du Châtelet, du boulevard Magenta,

(1) TOMEL et ROLLET, *Les enfants en prison*. Plon, Nourrit et Cie, rue Garancière, 10. 1892.

On ne saurait assez recommander la lecture de cet ouvrage, auquel l'Académie française a accordé un prix Montyon : l'un des auteurs, M. Guy TOMEL, appartient à la rédaction du *Journal des Débats*, et l'autre, M. Henri ROLLET, est avocat à la Cour d'appel. « On y sent partout, dit le *Journal de Saint-Pétersbourg* du 8 février 1890, sous les lignes, entre les lignes, une philanthropie militante ; on a affaire à des hommes frissonnants de ce qu'ils ont vu, et nous assistons à des leçons de clinique faites avec la réserve mélancolique et le tact des *praticiens* qui savent les angoisses de leur tâche. » Le titre secondaire du livre est : *Études anecdotiques sur l'enfance criminelle*. J'y ai trouvé beaucoup de renseignements et des considérations parfaitement présentées, dont je me suis servi.

le square des Arts et Métiers, la place de la République et les terrains qui s'étendent en face de l'Hôtel-Dieu, sont le théâtre le plus fréquent de ce genre d'exploitation ; l'épave sera une ouvrière sans place, la fille d'artisans qui par un coup de tête aura quitté ses parents, une provinciale comme Emma B... qui débarque pour trouver une situation à Paris. « La femme X... et moi, disait une prévenue de ce genre de délit, nous nous rendons sur les places et dans les jardins publics où les personnes sans travail ont l'habitude d'aller, et quand nous trouvons une jeune fille, nous lui offrons de la placer... »

La place est une place d'ouvrière à raison de 2 fr. 25 par jour pour travailler à la couture, avec chambre à part et repas en commun, dans un bureau ; la maîtresse, qui a les dehors plus respectables que l'associée, entame la conversation, l'autre s'y mêle pour confirmer les renseignements. Si la fille hésite, elle est presque toujours sauvée, car il est bien rare que parmi les spectateurs qui ont suivi ce manège, il ne se trouve pas un Parisien expérimenté, qui ne vienne l'avertir, dès qu'elle sera seule, du piège tendu; heureuse toutefois quand le charitable avertisseur ne fait pas lui-même l'offre d'une hospitalité différemment, mais également dangereuse! Mais si, lassée des nuits passées au grand air, ayant épuisé toutes les hospitalités charitables et ne voulant pas se constituer au poste en état de vagabondage, une ingénue, que personne n'a renseignée, suit les belles parleuses, elle est conduite dans une maison convenable où le premier étage est occupé par des ateliers de couture et un étage supérieur par des ouvrières en chambre : la nouvelle arrivante y voit confectionner des toilettes un peu tapageuses destinées à celles qui vont partir : rien de suspect au dehors, les concierges, consultés, donnent des renseignements favorables sur la moralité de la maison : le vice ne s'y présente que rarement, à l'état de vieil habitué ou de passant discret; mais l'air ambiant, la liberté des allures, les propos entendus dissolvent peu à peu tous les germes de moralité; l'atelier de couture n'est en réalité qu'un bureau de recrutement pour les maisons de débauche de France et d'étranger qui y ont leur compte de doit et avoir. « X..., disait une prévenue, m'expédia à Bruxelles, et Z..., au bout de trois mois, me vendit 500 francs à une maison d'Amsterdam. » De temps en temps, le marchand d'esclaves passe; il inspecte minutieusement sa marchandise et l'enlève, moyennant une prime variable dont la placeuse s'attribue la plus grande part, sous-prétexte de rentrer dans ses avances de nourriture et de logement.

Après avoir tournoyé au-dessus du gouffre, la proie de l'impitoyable placeur y tombera pour jamais : les placeurs poursuivis pour excitation de mineurs à la débauche racontent bien que leur victime, prise d'un remords tardif, s'est jetée hors du fiacre qui l'emmenait ou s'est dérobée dans la gare, sans qu'ils aient songé à la poursuivre ; mais ces évasions sont rares : en général, le délit se consomme silencieusement et sans esprit de retour, car cet Achéron, aussi avare que celui de la Fable, ne rend pas sa proie : la femme qui n'est pas tenue par la dette du corps est tenue par la dette d'argent, qui a pour garantie l'autre : elle ne recouvre sa liberté qu'en remboursant les avances que sa folle prodigalité et les habiletés de ses maîtres ont grossies démesurément, et ce remboursement la mettra nue et sans ressource sur le pavé où on l'a prise : parce qu'elle est entrée, elle restera, et ce qui l'a fait venir l'empêchera de partir. Contre la race ignominieuse des placeurs la police lutte avec constance, mais elle a contre elle une armée de mercenaires qui travaillent pour le courtage, hôteliers, logeurs, garçons de café, garçons de magasin, filles de brasserie, rôdeurs habitués aux portes de prison (1) ou à la sortie des ateliers de peintres (2), pourvoyeurs de tout âge et à tout prix, sans parler des obstacles résultant

(1) M. Bogelot, qui s'occupe des *libérées de Saint-Lazare,* dit au sujet de cette prison : « Chaque matin, à la sortie de Saint-Lazare, les recruteurs sont là (en dépit de la police qui les pourchasse), guettant la malheureuse qui sort effrayée de sa liberté. » (BOGELOT, *Du patronage des libérées,* p. 15.)

(2) « Le recrutement ne se fait pas seulement parmi les musiciennes et les fleuristes de la rue, mais parmi les apprenties et les jeunes ouvrières. C'est au moment du déjeuner que se fait cette chasse et que les entremetteuses s'occupent d'embaucher les « petites », comme elles disent. Les ateliers de peintres fournissent leur contingent à cette armée d'enfants dépravées. Les placeurs ou placeuses connaissent les maisons où les peintres ont besoin de jeunes modèles, et ils guettent l'entrée et la sortie de ces modèles, qui, vu leurs habitudes, se décident facilement. » (Rapport de M. Berry au Conseil général de la Seine, cité par MM. ROMEL et ROLLET, *Les enfants en prison,* p. 162 et 163.)

des victimes elles-mêmes (1) : c'est ce qu'on appelle dans le langage judiciaire la *traite des blanches* (2).

(1) V. le chap. XIII, *Les victimes*.

(2) Dans la législation actuelle, les placeurs sont justiciables de l'article 334 du Code pénal, qui punit l'excitation habituelle de mineurs à la débauche; mais les courtiers des placeurs, chez lesquels on ne peut pas relever des faits *multiples* constitutifs de l'habitude, échappent à toute pénalité. Nous proposerons dans le chapitre XVII de cet ouvrage d'assimiler sur ce point notre droit pénal aux législatures étrangères, en supprimant le mot « habituelle » dans l'article 334 précité.

CHAPITRE X

LES ENFANTS.

Ce jour-là, la Cour d'assises avait portes closes. Les visiteurs de passage suppliaient vainement qu'on leur permît de voir : ils promettaient de ne rien entendre et qu'ils regarderaient seulement par l'œil-de-bœuf de la porte battante le *Christ* de Bonnat, mais les gardes étaient inflexibles.

Les grands breaks des touristes étrangers étaient arrivés à l'heure réglementaire, faisant halte au Palais de justice avant de conduire à Vincennes leurs trente voyageurs : ceux-ci étaient descendus et rangés dans la salle des Pas perdus de la place Dauphine au pied de la statue de la Loi; ils avaient écouté religieusement les explications que leur cicerone leur avait données sur les curiosités du Palais; mais la légende terminée, au lieu de monter comme d'habitude pour voir la salle des assises, le guide les avait conduits ailleurs, en accentuant le mot bizarre de *huis clos* que répétaient avec un air timide des voix effarouchées.

C'est qu'on jugeait une affaire de mœurs pour laquelle l'audience avait cessé d'être publique, depuis le moment où le greffier fait la lecture de l'arrêt de renvoi devant la Cour d'assises jusqu'au moment où le président dit aux huissiers d'ouvrir les portes et donne connaissance au jury des questions qu'il doit résoudre. Le crime avait été commis sur des enfants, et, comme il arrive d'ordinaire, deux affaires de la même nature étaient inscrites au rôle de l'audience. On le voyait à la qualité des témoins : c'étaient des bandes d'enfants endimanchés se donnant la main et se remorquant les uns les autres, avec l'air hagard d'écoliers dépaysés dans un palais ; ils emboîtaient le pas derrière une femme qui portait le plus jeune dans ses bras, comme des agneaux suivent leur mère. La femme avait cet air indéfinissable de *pauvresse* qu'on ne voit qu'à Paris, des vêtements secs, bien lustrés, bien brossés, avec un chapeau d'emprunt par décence pour la Cour, une longue figure amincie par les privations, les nuits sans sommeil, les couches sans convalescence fréquemment renouvelées ; et sous des paupières caves, le regard brillant d'une poitrinaire que la mort a épargnée. En même temps que les parents et les victimes, d'autres témoins s'engouffraient par la petite porte sur laquelle est inscrit dans la pierre en lettres d'or *Témoins de la Cour d'assises,* quelques hommes, mais surtout des femmes, des voisines qui manifestaient bruyamment pour ou contre l'accusation : toutes déposeront tout à l'heure, mais aucune n'aura la dignité de cette mère.

On a jugé à Paris pendant l'année 1888 79 affaires d'attentats à la pudeur ou viol pour lesquels le huis clos est toujours requis; ajoutez 3 affaires d'avortement qui comportent la même mesure, quelques affaires de meurtre ou coups dans lesquelles certains détails devront être cachés au public; il y a donc environ, à 2 affaires par jour, de quarante à quarante-cinq jours par an où la Cour d'assises est fermée, comme nous le disions tout à l'heure.

Le huis clos est prononcé en vertu de l'article 81 de la Constitution du 4 novembre 1848; par une particularité assez singulière, c'est le seul article qui soit en vigueur dans cette Constitution, qui fut abrogée par la Constitution de 1852; l'article 81 est resté debout, comme le pan d'une ruine, et, par une exception aux règles ordinaires de la procédure criminelle, le huis clos peut être prononcé sans donner la parole à la défense; il suffit que le ministère public ait demandé cette mesure, la Cour en apprécie les motifs et statue, si elle fait droit aux réquisitions, dans les termes suivants :

« Considérant que la publicité des débats serait de nature à porter atteinte à l'ordre public et aux mœurs; vu l'article 81 de la Constitution de 1848, restée sur ce point en vigueur, la Cour ordonne que les débats relatifs à l'accusation portée contre X... auront lieu à huis clos. »

L'arrêt est suivi de cet avertissement : « Huissiers, faites retirer tout le monde, excepté les jurés de la session, les avocats et les militaires de service. »

Cet avis n'est pas inutile, car il n'y a pas d'audience à huis clos où, sur l'inspection faite par l'huissier des bancs réservés aux jurés de la session ne siégeant pas dans l'affaire, on ne voie sortir honteusement de ces bancs un certain nombre d'intrus qui s'y sont glissés d'une manière furtive. Un jour, les intrus étaient deux petits jeunes gens de quinze à seize ans, et comme je les apostrophai assez vivement, l'huissier s'approcha de moi et me dit : « Ces messieurs sont les fils de deux des jurés : ils ont été amenés par leurs pères. » Mais les pères ne réclamèrent pas.

Il faut que l'appât du fruit défendu soit bien puissant pour provoquer ainsi la curiosité dans un genre de cause où tout est tristesse, dégoût, écœurement ; car les attentats commis sur les adultes où la passion pourrait avoir une certaine part, n'existent pour ainsi dire pas ; à Paris, le crime de Lucrèce est rare, la limite entre le consentement et la violence est si difficile à marquer que le Parquet hésite à poursuivre toutes les fois que la violence n'est pas très bien établie, et les familles elles-mêmes préfèrent dans l'intérêt des victimes le silence à la répression. Les attentats sur les adultes jugés par la Cour d'assises de la Seine n'ont été que de 7 pendant l'année 1888 : c'est surtout sur les enfants que s'exerce une honteuse lubricité.

La statistique de 1888 porte à 592 le nombre des accusés jugés pour viols ou attentats à la pudeur sur des enfants, par toutes les Cours d'assises de France, pendant l'année 1888 ; à Paris, le chiffre des accusés a été de 72 ; après le département de la Seine, on trouve le département du Nord, où les accusés des mêmes faits sont au nombre de 33 ; il y en a eu 19 dans la

Seine-Inférieure et l'Ille-et-Vilaine, 8 seulement dans le Rhône, malgré l'agglomération de la population lyonnaise, et 16, au contraire, dans la Loire; les Landes, la Meuse, l'Indre, la Savoie, les Hautes-Alpes et les Pyrénées-Orientales se distinguent par l'absence complète d'accusations contre les mœurs.

Le chiffre de 592 accusés, quelque élevé qu'il soit, constitue cependant un progrès; car il est inférieur au résultat des années précédentes : en 1886, on avait jugé 634 accusés, et en 1884 il y en avait eu 705; si on remonte en arrière, on trouve le chiffre énorme de 784 en 1858 : c'est le chiffre que le docteur Tardieu indique dans son ouvrage, en établissant qu'à cette époque la progression était très effrayante (1).

(1) « Il est une espèce de crimes dont l'accroissement est extraordinaire. Je veux parler des attentats à la pudeur avec ou sans violence sur les enfants. L'augmentation extraordinaire de cette espèce de crimes pendant une période de

Il y a donc eu, en comparant les chiffres de 1858 à ceux de 1888, une diminution de 212 en trente ans ; mais le crime d'attentat à la pudeur reste encore le plus fréquent parmi les crimes contre les personnes ; il fournit à Paris 79 accusés, sur lesquels 72 répondent d'attentats commis sur des enfants : le meurtre, qui a ensuite la part la plus large dans le crime contre les personnes, ne donne à la statistique de 1888 que 39 accusés, 40 de moins que le crime d'attentat à la pudeur.

Nous avons vu dans le chapitre VIII, *L'homme,* que la plupart des crimes de mœurs sur les enfants étaient commis par des individus déjà avancés dans la vie : l'âge de l'accusé en moyenne est de soixante-

trente-trois ans est d'autant plus affligeante que la même période a vu diminuer presque tous les autres crimes contre les personnes et les propriétés. » (TARDIEU, *Étude médico-légale sur les attentats aux mœurs.* Baillière et fils, rue Hautefeuille, 107. 1862.)

cinq ans; ses occupations sont sédentaires : il est concierge, tailleur, cordonnier, horloger en chambre; une image obscène qui excite les désirs des sens est pendue dans son logement; il vit seul, et de son antre le solitaire guette les enfants des voisins : il les appelle pour leur faire faire ses commissions : un bonbon, une image, une pièce de deux sols seront la récompense du service, l'accompagnement de la lubricité, le prix du silence. Quand il est arrêté, il se courbe, comme nous l'avons dit (1), sous la main qui le retient et fait confession sincère : maintenu en arrestation, il se révolte, et le commissaire de police qui a consigné ses aveux n'est, à l'entendre, qu'un faussaire. Que fera-t-il devant ses juges, quelle que soit la juridiction qui connaisse de son affaire? Niera-t-il? Non. Avouera-t-il? Moins

(1) *Souvenirs d'un président d'assises,* 1re partie, chap. II, *L'accusé,* p. 33.

encore : il se reconnaîtra répréhensible de certaines privautés, d'inconvenances, de petites choses qui ne tombent pas sous l'application de la loi, mais qui, moralement parlant, laissent supposer qu'en sus de ce qu'il avoue, il en a fait bien davantage. Obtenir de lui une attitude franche est chose impossible.

Dans la maison, ses allures ont paru suspectes, et les parents ont défendu à leurs enfants d'aller chez lui : vaine défense ! une curiosité invincible les pousse toujours de ce côté ; plus on multiplie les recommandations, plus ils rusent pour les éluder : l'aiguillon des sens qui s'éveillent est plus fort que tous les châtiments : grondé par sa mère, battu par son père, l'enfant retourne revoir ce qu'il a entrevu.

Pour le préserver, il faudrait une vigilance de toutes les heures, faire faction autour de lui quand il rentre de l'asile ou de l'école, et s'il va jouer dans le voisinage : comment organiser cette permanence autour des enfants, dans les familles indigentes? Pauvres enfants! qui font plus d'une fois réfléchir, quand on les voit à la Cour d'assises où les interroger est si dur, à l'inégalité des conditions sociales sur cette terre; les enfants des riches sont bien gardés, toujours surveillés, jamais seuls, constamment soutenus et retenus dès leurs premiers pas dans la vie : qui est-ce qui gardera les enfants des pauvres? qui contiendra les échappements de la nature? Les parents travaillent au dehors, les sœurs aînées vagabondent ou se débauchent : dans les hôpitaux, les morts dont on ne s'occupe pas sont livrés à l'amphithéâtre : dans les maisons populeuses, les enfants qu'on ne surveille pas sont une proie vivante pour toutes les débauches.

Quelles heures de tristesse que celles qui

sont consacrées à l'audition des enfants devant la Cour d'assises ! Quelquefois ils sont si petits qu'il faut les mettre debout sur la table devant le bureau de la Cour; le président perçoit à peine leurs réponses, qu'il transmet au jury, pendant que l'avocat s'avance hors de son banc pour mieux entendre, l'oreille tendue. Dans les affaires de mœurs, la difficulté se complique de la crainte d'apprendre aux enfants ce qu'ils ignorent, en leur faisant dire ce qu'ils savent : au premier âge, les enfants parlent peu, par un sentiment de honte : on doute alors de la sincérité de leur déclaration : ou bien ils parlent trop, et on craint qu'ils ne répètent une leçon : pénétrer suffisamment leur intelligence pour ne pas les initier au mal, devient un travail.

Les enfants mentent-ils souvent devant la justice ? C'est l'opinion des médecins les plus éminents. Dans une savante brochure qu'il a publiée en 1887, remplie d'observations et de faits condensés, le docteur Motet s'exprime ainsi : « J'ai pensé que je ferais œuvre méritoire, œuvre surtout de médecin, si je montrais que dans des conditions déterminées, *d'état mental particulier,* l'enfant pouvait trouver dans un trouble passager ou durable de son intelligence les éléments de mensonges très compliqués, ayant toutes les apparences de la vérité, apparences d'autant plus saisissantes que la conviction est plus profonde et plus sincère. » Le docteur Auguste Voisin, médecin de la Salpêtrière; le docteur Beni-Barde, qui est très versé dans toutes les questions de psychologie mentale; le docteur Materne, qui joint à ses études personnelles l'expérience du service médical de la Conciergerie, tous les médecins que j'ai consultés à ce sujet m'ont dit qu'il fallait se défier beaucoup des témoignages des enfants devant la Cour d'assises. Il y a une page du docteur Brouardel dans son *Mémoire* intitulé : « Des causes d'erreur dans les expertises relatives aux attentats à la pudeur », qui sert de catapulte à la défense (1). On voit cette citation apparaître invariablement dans toutes les plaidoiries où l'avocat repousse des accusations d'attentat à la pudeur basées sur des dépositions d'enfant. Je dois dire que pour ma part, pendant les douze ans que j'ai présidé

(1) Voici le passage auquel il est fait allusion : « On parle « souvent de la candeur des enfants; rien n'est plus faux. « Leur imagination aime à créer des histoires dont ils sont « les héros. L'enfant se berce lui-même en se narrant des « fantaisies qu'il sait fausses de tout point, mais il joue tel « ou tel personnage plus ou moins ressemblant aux person- « nages qu'il connaît ou dont il a lu les exploits dans les « livres. Faites que cet enfant, aux propos duquel on ne prê- « tait d'ordinaire qu'une médiocre attention, trouve un audi- « toire, qu'on enregistre les créations de son imagination, « aussitôt il grandit dans son estime, il devient lui-même un « personnage, et rien ne lui fera plus avouer qu'il a trompé « sa famille et les premières personnes qui l'ont questionné. » (*Mémoire* lu à la Société de médecine légale par le docteur Brouardel, professeur de médecine légale à la Faculté de médecine. Baillière et fils, 17, rue Hautefeuille, p. in-8°.)

la Cour d'assises, je n'ai jamais trouvé d'enfant en flagrant délit de faux témoignage ; il est vrai que les dossiers qui nous arrivent ont déjà subi plusieurs épreuves : beaucoup de dénonciations sont classées au Parquet, d'autres après information se terminent par des ordonnances de non-lieu : dans les affaires que j'ai vues, il y avait toujours un fait vrai, mais bien souvent exagéré par les enfants dans leurs déclarations : cet âge a une tendance singulière à se grandir et à revendiquer dans les plus tristes matières le bénéfice de la préférence et de la priorité : les garçons prennent le langage des hommes ; les petites filles jouent à la femme ; si l'une d'elles raconte une chose, l'autre ne veut pas rester en arrière, et elle déclare qu'on lui en a fait autant, si ce n'est davantage.

Ce n'est pas cependant à cause des mensonges possibles des enfants et de l'incertitude de leur témoignage, que les jurés sont pour les crimes de mœurs sur les enfants d'une indulgence excessive : en 1888, ils ont acquitté 174 accusés sur 592 et accordé des circonstances atténuantes à 294 sur 418 condamnés ; 124 seulement ont subi la peine de la loi. D'où vient cette indulgence regrettable ? Le voici :

Envisagés au point de vue de l'homme qui les commet, les actes d'immoralité sur les enfants avilissent et dégradent : les jurés réprouvent, s'indignent et témoignent en paroles très hautes leur indignation : mais les mêmes actes, envisagés au point de vue de l'enfant qui est victime, ont un côté spiritualiste qui échappe complètement au jury. Dans les départements où les classes agricoles dominent, les jurés de la campagne qui absolvent les infanticides ne condamnent pas les attentats ; il faut que l'accusé ait quelque chose du tyranneau de village et paraisse ressusciter le droit du seigneur pour qu'on le punisse, moins de son immoralité que de son arrogance. Les jurés des villes, qui voient la multiplicité des crimes sur les enfants, ne peuvent se soustraire à la répression, mais ils ne condamnent que s'il y a eu atteinte grave à la santé de l'enfant, communication d'une maladie, par exemple ; il faut, suivant l'expression énergique du droit romain, *damnum corpore corpori*, un dommage fait au corps par le corps ; mais l'atteinte à l'âme, l'innocence de l'enfant flétrie, sa pureté ternie, le trouble de l'imagination, l'éveil précoce des sens, le désarmement presque inévitable où il se trouvera dans la suite pour défendre une pudeur dont la justice a fait si peu de cas, de toutes ces considérations, le jury a médiocrement cure. Le juré parisien est un juge essentiellement pondérateur : il met dans un plateau de la balance un homme de soixante ans, avec un passé presque toujours irréprochable, perdu pour ses enfants et sa famille, s'il est condamné, puni par sa comparution devant les assises, s'il est acquitté, et dans l'autre plateau, un enfant qui oubliera, qui se guérira, qui n'aura appris qu'un peu plus tôt et plus brutalement qu'il ne l'aurait dû, les instincts dépravés de la nature : le sort de l'homme à l'âge où l'accusé est arrivé et qui est plus ou moins l'âge du juge, touche plus celui-ci que le sort de l'enfant.

Ajoutez que les témoins à décharge appelés par la défense livrent un assaut terrible à tout ce qui approche de l'enfant. Fénelon a écrit quelque part, à propos de certaines communautés religieuses de Tournay ou de Maubeuge, où l'entente n'était pas très grande : « Les croix de paille y deviennent des croix de fer ou de plomb. »

Dans ces grandes communautés ouvrières des maisons populeuses de Paris pleines de souffrance et quelquefois d'atroces misères, où chaque ménage est porte à porte et se rencontre tous les jours, où les épreuves réciproques, les privations et l'inévitable jalousie aigrissent les caractères, où les haines de femme à femme et de voisin à voisin ne sont pas tamisées comme dans le monde par les reflets des choses du dehors, toutes les croix sont de fer et de plomb, et chacun, portant la sienne, fait volontiers sentir aux autres qu'ils ont aussi la leur. De là les explosions d'animosité qui se produisent devant la justice, surtout dans des questions brûlantes comme celles d'enfants : une ruche d'abeilles en effervescence peut seule en donner l'image : autant de paroles, autant de dards, les uns s'enfonçant dans les flancs de l'accusé, les autres visant la victime de la tête aux pieds et n'épargnant ni son père, ni sa mère, ni ses frères et sœurs, ni ses grands-parents. Les voisins sont divisés en deux camps, et les dépositions les plus violentes ont souvent les causes les plus futiles. On a beaucoup parlé dans ces derniers temps des mauvais traitements infligés par les parents à leurs enfants. Dieu me garde d'en diminuer l'horreur, mais les enfants que certains voisins appelaient les petits martyrs, étaient pour d'autres de petits bourreaux, véritables tyrans de leur famille ; quand, avec le salaire de la semaine péniblement amassé, la mère a blanchi et habillé l'enfant et lui a préparé son repas, l'enfant salit ses vêtements et crache dans la soupière : où s'arrêtera la limite entre la violence et la correction? Découvrir la vérité dans des affaires où des enfants sont intéressés, est doublement difficile ; ils sont très rusés, et savent se faire bien venir de leurs voisins pour battre en brèche l'autorité paternelle ; ils créent ainsi en leur faveur un courant de compassion et de pitié qu'il est souvent difficile de remonter pour trouver le terrain de la vérité.

Dans les affaires de mœurs portées devant le jury sur des plaintes d'enfant, la famille plaignante est unie, parents et enfants marchent d'accord, mais alors la famille de l'accusé agit d'autre part, on crie au complot, à la vengeance si l'accusé est pauvre, à la spéculation s'il est riche ; après la plainte criminelle, on demandera, dit-on, des dommages-intérêts ; le jury est très sensible à cette appréhension, et la crainte du *chantage* fait acquitter dans bien des affaires.

Après l'aspect des enfants, la tenue des parents exerce la plus grande influence sur le jury : qu'un bon ouvrier à l'air triste et honnête vienne lui dire : « J'avais cinq filles, je les ai toutes bien élevées; la dernière eût été de même sans le misérable qui a profité de ce que mon travail et celui de ma femme nous empêchaient de rester chez nous; il a abusé de notre enfant; je l'eusse tué, s'il n'était défendu de se faire justice à soi-même; mais vous êtes, comme moi, des pères, et je me confie à vous. » En présence de ce langage, le jury se considère comme un tribunal domestique, et il est bien rare qu'il n'accorde pas à ce père une condamnation que le ministère public seul n'eût pas obtenue; celui-ci représente cependant tous les pères, mais celui-là qui est en chair et en os, et qui parle devant lui, est le seul qui l'ait décidé.

CHAPITRE XI

LES ASCENDANTS.

Plus douloureuse qu'aucune autre est l'audience de la Cour d'assises où l'on juge des crimes de mœurs commis au foyer de la famille : les jurés qui ont eu le malheur de tomber dans ces lamentables affaires n'en perdent pas la mémoire ; ce sont les mauvais jours de leur carrière judiciaire, et ils en conservent pendant toute leur vie une impression pleine d'horreur : l'accusé est le père, la victime la fille, les témoins les frères et sœurs, ainsi que la mère : la fleur virginale de l'enfance s'est flétrie sous la main qui devait la protéger.

De pareilles monstruosités, qui offensent la nature autant que la morale et la loi, ne devraient pas exister; elles se rencontrent cependant, et le législateur a été obligé de les prévoir. Le Code pénal de 1810 a déterminé certaines circonstances aggravantes qui rendent les attentats aux mœurs passibles de peines plus sévères : ces circonstances aggravantes résultent d'une façon générale de l'autorité exercée par l'accusé sur sa victime, et spécialement de la qualité de ministre du culte, fonctionnaire public, instituteur ou patron; mais le premier cas d'aggravation prévu par l'article 333 du Code pénal est celui-ci : « Si les coupables sont les ascendants de la personne sur laquelle a été commis l'attentat. » En fait, cette circonstance aggravante est la plus fréquente : les attentats des pères sur les enfants s'étaient tellement multipliés sous le second Empire, qu'en 1863 le législateur intervint et fit une réforme de l'article 331 du Code pénal, qui permit de punir le crime jusqu'à la majorité de l'enfant. Nous examinerons plus tard cette disposition bienfaisante, qui suffit, je crois, au point de vue législatif, si des moyens indirects de moralisation familiale, que nous indiquerons, viennent la compléter : ce qui est constant d'après l'expérience de la Cour d'assises, c'est que la statistique criminelle de 1888 relevant cinquante-cinq attentats à la pudeur accompagnés de circonstances aggravantes, dix-huit commis sur des adultes et trente-sept sur des enfants de moins de quinze ans, il y a tout lieu de croire que les neuf dixièmes des attentats « aggravés » avaient été commis par des pères sur leurs filles.

Quelle est la cause de ces excès, et comment les choses se passent-elles? Hélas! l'histoire est toujours la même : la mère sort de grand matin pour aller aux halles ou dans les lavoirs; resté seul avec ses filles, le père les respecte tant que dure l'enfance; mais à demi nues pendant l'été, couchant dans le même lit pour se défendre du froid pendant l'hiver, aucune pudeur n'élève une barrière entre elles et lui; à mesure qu'elles grandissent, l'impudicité remplace l'impudeur, et devenues femmes, la mère apprend un jour, par la méchanceté d'une voisine ou par l'attitude insolente de sa fille vis-à-vis de son mari, la turpitude de son ménage. En 1887, un arrêt de renvoi devant la Cour d'assises de la Seine relevait à la charge de l'accusé des attentats sur ses quatre filles, depuis l'aînée Julie âgée de quinze ans, jusqu'à la dernière qui venait d'entrer dans sa septième année; la mère, qui était porteuse de pain, quittait son logement dès l'aube; la fille aînée, Julie, après avoir été victime de son père, faisait partie de la catégorie décrite par MM. Tomel et Rollet dans leur chapitre des *Petites prostituées* (1).

Le père était responsable de cette inconduite, et il en est de même dans la plupart des cas : dès le début de la plainte, l'inculpé qui s'indigne dit à la justice : « N'écoutez pas ma fille, elle s'est prostituée », et la fille de répondre : « C'est toi qui m'as perdue », et malheureusement ils sont dans le vrai l'un et l'autre ; le mot de l'Écriture : *Corruptio optimi pessima* (2), n'est pas vrai seulement du corrompu, il l'est aussi du corrupteur : les

(1) « Que de fois, en interrogeant à la Conciergerie une enfant arrêtée pour mœurs, n'avons-nous pas entendu le récit d'un épouvantable drame de famille : le viol de l'enfant par son père, et, ce qui paraîtra incroyable au lecteur, par un père qui jouit d'une excellente réputation ! Cet homme travaille ; un soir, il est rentré ivre ; sa femme était sortie, il a abusé de sa fille : voilà les faits dans leur simple brutalité... voilà pourquoi aujourd'hui Annette X... est sur le trottoir. » (TOMEL et ROLLET, *Les enfants en prison,* 6e partie, *Les petites prostituées,* p. 154 et 155.)

(2) La corruption du meilleur est la pire.

femmes qui ont été perdues dans leur enfance dans des conditions ordinaires se relèvent souvent; celles qui l'ont été par leur père, celles qui ont connu, comme il arrive quelquefois, de mauvais prêtres, ne se relèvent jamais : comme certains condamnés d'autrefois étaient marqués au fer rouge, il semble que la qualité de l'offenseur a imprimé sur l'offensé une marque indélébile de l'outrage.

En même temps, le père dénaturé, dont la figure était jusqu'alors honnête, contracte dans ses traits quelque chose de haineux et de fauve : en présence de sa femme qui le dénonce, de sa fille qui l'accuse, de ses enfants qui l'abandonnent, de ses voisins qui le méprisent, il impute des amants à sa femme et les nomme, incrimine les mœurs de ses enfants et menace ses voisins, quand il sera libre, des plus affreuses vengeances. La femme cependant a longtemps hésité : si elle s'est décidée à parler, ou si d'autres ont parlé pour elle, elle dira la vérité : malgré ses justes griefs envers sa fille, elle ne l'a pas abandonnée; avec elle elle ira à l'audience; et si le jury prononce une condamnation, cachées l'une dans l'autre au dernier banc des témoins, on entendra sourdre du côté de ces deux femmes des gémissements étouffés.

Il y a parfois des rétractations qui se produisent : on s'accuse d'avoir menti devant le commissaire en portant plainte contre le père, parce qu'on voulait se débarrasser d'un ivrogne ou d'un violent... Que s'est-il passé? La misère s'est abattue sur le foyer depuis que les gros salaires de l'homme ont fait défaut, ou la pitié est entrée dans les cœurs, quand l'absent a écrit de sa cellule de Mazas. Que fera l'autorité judiciaire saisie de cette confession? En général, des amis ont reçu la confidence des plaintes, et ceux-là ne se rétractent pas; l'affaire suivra son cours, mais, quelle que soit la solution, la tristesse envahit le cœur en présence de ces familles si profondément ravagées.

Et cependant, par un douloureux contraste des choses humaines, nulle part plus que dans ces affaires affligeantes, vous ne voyez d'exemples de dévouement, d'abnégation, de charité et de courage. La mère était morte ou malade, et le jour où les inspecteurs de police ont emmené le père coupable au commissariat d'où il n'est pas revenu, les enfants n'avaient pas de pain : les voisins les ont recueillis. « Où il y a du pain pour trois, il y en a pour cinq », dit-on dans le peuple de Paris, qui est admirable sous ce rapport. Et jusqu'au jour de l'audience, les enfants ont été nourris et logés dans le voisinage. Ce fils malingre de dix-huit ans, qui paraît en avoir treize et qui, s'il vient à déposer, parlera d'une voix narquoise en remuant dans ses mains sa casquette à plusieurs ponts, eh bien, c'est lui qui fait double travail pour élever sa famille; cette fille déjà placée, qui elle aussi aurait été victime de son père, si elle n'était entrée, brusquement et à l'insu de ce dernier, chez un petit marchand où elle peine comme bonne à tout faire, elle quitte sa place pour devenir, après l'arrestation du père, la mère de famille : au lieu des explosions haineuses dont nous parlions dans le chapitre précédent, qui se produisent au sein d'une maison ouvrière lorsqu'un des locataires y est poursuivi pour attentats aux mœurs sur l'enfant du voisin, les attentats des parents sur leurs enfants ne provoquent qu'indignation et pitié : ils ont révolté tellement la nature que ces pauvres sont secourus par des pauvres, et que dans toutes les familles les foyers s'ouvrent pour remplacer celui qu'un crime domestique a souillé.

On s'est demandé quelquefois si des actes pareils pourraient être commis par une mère ; j'ai eu le bonheur de n'en rencontrer aucun dans le cours de ma carrière ; mais en 1873 une femme de quarante et un ans, mère de seize enfants, dont dix vivaient encore, fut condamnée par la Cour d'assises de la Seine à dix ans de réclusion pour crime de mœurs sur un fils adultérin de dix-huit ans qu'elle avait légitimé par mariage. Cette monstruosité passionnelle, qui, d'après les circonstances de la cause, tenait à une sorte de fureur utérine, bien que l'horreur du fait ait empêché les jurés de déclarer l'irresponsabilité, était sans précédent dans les arrêts de la Cour d'assises, où les crimes de mœurs commis par les femmes sur les enfants se rencontrent eux-mêmes très rarement (1). Dans l'anti-

(1) Au mois de septembre 1892, la femme X... était pour-

quité romaine, au témoignage de Tacite, Agrippine chercha à inspirer à Néron une passion dénaturée pour retenir le pouvoir que l'Empereur voulait reprendre, et son infamie fut déjouée pàr l'affranchie Acté mise en éveil par Sénèque, Acté, dit l'historien en finissant par ce trait qui est bien de Tacite, Acté étant alarmée pour elle-même autant que pour l'honneur de Néron, « *simul suo periculo et infamia Neronis anxia* (1) ». A l'époque la plus troublée de notre histoire, Fouquier-Tinville ne craignit pas, dans l'acte d'accusation de la reine Marie-Antoinette, de renouveler contre elle l'inculpation du « *crime d'Agrippine* ». La Reine ne répondit rien sur ce chef d'accusation quand Hébert vint en déposer ; mais le président, sur l'injonction d'un juré, lui

suivie devant la Cour d'assises de la Seine pour crimes de mœurs sur un enfant de huit ans ; elle fut acquittée par le jury.

(1) TACITE, *Annales,* liv. XIV, ch. II.

ayant adressé une question précise, elle se tourna vers les femmes de l'auditoire et prononça ces belles paroles, qui resteront dans l'histoire comme la protestation des entrailles maternelles contre le crime dont nous parlons (1) :

« Si je n'ai pas répondu, c'est que la « nature se refuse à répondre à une pareille « inculpation faite à une mère : j'en appelle « à toutes celles qui peuvent se trouver « ici(2). »

(1) *Procès imprimé de Marie-Antoinette : Extrait du bulletin du tribunal révolutionnaire :* CAMPARDON, *Marie-Antoinette à la Conciergerie,* p. 287. D'après un juré du tribunal révolutionnaire, Vilate, qui a écrit un livre sur les *Causes du 9 thermidor,* Robespierre aurait reproché à Hébert d'avoir procuré à Marie-Antoinette dans son dernier moment un *triomphe d'intérêt public.*

(2) Le *Dictionnaire* de LAROUSSE dit en parlant de cette phase du procès, v° *Marie-Antoinette :* « La Reine s'éleva à l'éloquence, quand il s'agit de repousser l'horrible accusation d'avoir elle-même corrompu son fils dans la tour du Temple. »

CHAPITRE XII

LES MÉDECINS LÉGISTES.

Dans certaines affaires criminelles, le rôle principal appartient à l'avocat général; dans d'autres, à l'avocat; dans quelques-unes, mais en petit nombre, au président : s'agit-il d'un crime d'attentat aux mœurs, l'importance des autres organes de la justice s'efface devant celle du médecin; de sa déposition dépend le résultat de l'affaire.

Les jurés qui n'exercent pas par eux-mêmes la profession de médecin ne connaissent rien à la médecine; mais ils n'abdiquent jamais, surtout en médecine, leur prétention d'omnipotents : plus les choses médicales s'éloignent de leurs occupations habituelles, plus ils aiment à en parler, comme les gardes nationaux, auxquels on les a comparés souvent, se plaisaient à disserter des choses militaires.

Le rôle du médecin légiste qui expose devant des jurés le résultat de ses constatations est très complexe ; il faut qu'il fasse des leçons, sans en donner, car les jurés doivent apprendre par lui ce qu'ils ignorent, mais ils se cabreraient s'ils apercevaient une velléité de leur dicter une opinion ; il faut cependant de l'autorité dans la parole, car si le médecin doute, qui croira ? Il faut, tout en restant l'homme de l'art, inspirer la pitié pour les souffrances d'autrui et savoir émouvoir : un médecin romanesque et trop sensible déplaît, mais un praticien sans entrailles, dont la parole fait sentir le bistouri, révolte : si le langage est élégant, on voit un beau parleur; si les termes sont scientifiques, un pédant; enfin, tant de qualités diverses sont nécessaires à un médecin pour bien déposer devant la juridiction criminelle, que les hommes les plus éminents peuvent y échouer.

La mission d'expert légiste à la Cour d'assises, à l'époque où je la présidais, était confiée le plus souvent au professeur de médecine légale de la Faculté de Paris, le docteur Brouardel, que je vis pour la première fois à Versailles, lorsqu'il démontra, à propos de Fenayrou, comment l'insuffisance du *ligotage* avait ramené par un été très sec le corps de la victime à la surface de la Seine : le jour où il fut nommé aux fonctions de doyen de la Faculté de médecine qu'il occupe aujourd'hui, il était venu devant la Cour d'assises de la Seine, que je présidais, élucider une question difficile, et le remerciant au nom de la Cour de ses explications, je le félicitais de sa nouvelle dignité avec un souhait très sincère que ces félicitations ne fussent pas des adieux. Le docteur Brouardel répondit qu'il resterait toujours aux ordres de la justice, mais de fait, sauf un cas très particulier de médecine légale, je ne le vis plus à la Cour d'assises; des circonstances exceptionnelles seules le ramènent de loin en loin au Palais.

Il y a trente ans, la situation du docteur Brouardel, au Palais et à l'École, était occupée par le docteur Tardieu : c'était un merveilleux orateur, et, comme artiste en parole, Jules Favre seul pouvait lui être comparé : le nombre des éditions de ses ouvrages ne se compte plus; il a laissé un grand nom, et pour ses anciens élèves, dont plusieurs sont devenus diversement des maîtres, il est resté par excellence le maître; mais dans des matières aussi expérimentales que celles de la médecine légale, il affirmait avec une sûreté de lui-même qui touchait presque à l'infaillibilité. Je me souviens encore d'une affaire d'empoisonnement que j'avais suivie de près, où le docteur Tardieu apporta des affirmations dogmatiques qui parurent s'étendre bien loin : il y a des qualités effrayantes, quand la tête d'un homme est en jeu ; malgré son grand savoir et le charme exquis de sa personne, le docteur Tardieu est resté, à tort ou à raison, dans mes souvenirs avec un je ne sais quoi d'autoritaire aimable qui nuisait un peu à son autorité.

Dans un langage moins littéraire que son devancier, le docteur Brouardel dit ce qu'il voit plus que ce qu'il croit ; si vous lui demandez son opinion personnelle, il la produit de suite comme le résultat de ses études à lui et de son expérience, mais sans l'imposer à la science et encore moins à ses confrères ; les jurés puisent dans le cours limpide de ses explications des solutions justes, si faciles à saisir qu'ils s'imaginent les avoir inventées ; il précise ce qu'il constate, élucide ce qu'il expose, énonce ce dont il doute, démontre ce qu'il affirme; il est, dans le vrai sens du mot, DOCTOR *bonus dicendi peritus.*

CHAPITRE XIII

LES VICTIMES.

Nous n'avons parlé jusqu'à présent que des crimes et des criminels; il est temps de dire un mot des victimes : que sont-elles et que deviennent-elles? En général, elles sont peu intéressantes et elles ne deviennent rien de bon.

Je ne parle pas, bien entendu, des enfants qui sont l'objet d'attentats aux mœurs de la part de leurs parents; ces victimes-là sont dignes de toute pitié, car elles n'ont aucun moyen de se défendre; loin de courir au-devant du danger, elles ne peuvent s'y soustraire que par des actes répétés de désobéissance, très légitimes en principe, très difficiles, pour ne pas dire impossibles, dans l'application. Mais je parle de cette jeunesse de quinze, de dix-huit et vingt ans, garçons, filles et jeunes filles, qui viennent déposer devant la Cour d'assises et devant les tribunaux de police correctionnelle, comme ayant été l'objet de crimes de mœurs de toute sorte commis en dehors de la famille, ou de violences graves annexées à des amours malheureux. Les victimes de cette catégorie ont presque toutes une part de responsabilité dans les faits qui ont provoqué leur témoignage : le jugement rendu, après un intervalle de réflexion qui n'est pas très prolongé, le passé les induit en tentation, et elles reviennent au péril, comme les criminels reviennent au crime.

Est-ce à dire que la chute soit inévitable et qu'il n'y ait rien à faire pour elles? Bien au contraire ; elles sont d'autant plus à plaindre que le mal est venu à elles comme de lui-même; mais pour l'avoir subi par force ou simplement entrevu, le germe putride est resté ; ce sont convalescences plus difficiles à surveiller que des maladies, et le point de vue judiciaire auquel il convient de se placer est celui-ci : quand le juge a puni le coupable et l'a mis par une détention sérieuse dans l'impossibilité de nuire à sa victime, le juge n'a rien fait ; la victime de l'*autre* est devenue plus ou moins sa propre victime : la protéger au dehors est très bien, mais la grosse difficulté est de la protéger au dedans contre elle-même.

Je vais citer quelques exemples : Mathilde M... appartient à une famille qui a eu une certaine situation, et sa mère tient au su de son mari, qui vit séparé, mais qui en profite, un salon de femmes galantes : Mathilde a été mise dans une maison de commerce pour être éloignée de ce spectacle, mais elle revient le dimanche chez sa mère, et, les jours de courses, supplée aux absences. La fille est mêlée incidemment à une poursuite criminelle pour détournement de mineure, et la mère, inculpée d'excitation de mineure à la débauche ; on a trouvé chez elle, entre autres mineures, sa fille Mathilde qui vient d'avoir seize ans ; le juge reproche à cette mère dénaturée de livrer ainsi sa fille, mais la fille répond : « N'accusez pas ma mère, je suis seule coupable, c'est moi qui l'ai voulu, *je suis naturellement vicieuse* », et malheureusement elle a raison.

Dans cet odieux trafic que nous avons peint sous le nom de *Traite des blanches*, les majeures, étant libres de leurs droits, échappent à tout contrôle, elles peuvent se placer où bon leur semble ; la provocation à la débauche qui n'est accompagnée ni de dol ni de violence échappe à la pénalité, et l'impudicité légale ne commence qu'à la publicité. Mais il suffit que la majorité ne soit pas atteinte pour qu'une jeune fille soit défendue par la police contre l'industrie rapace des placeurs et des placeuses (1); eh bien! ce sont les mineures qui ne veulent pas être défendues, elles trompent sur leur âge, falsifient, au besoin, leurs actes de naissance, et, quand elles ne peuvent suffisamment se vieillir avec le leur, en achètent de frauduleux. Un placeur récemment arrêté pour excitation de mineures à la débauche, portait dans la manche de son pardessus un certain nombre d'actes de naissance accommodés pour l'âge apparent de ses victimes. Sans l'attention constante

(1) Nos lois pourraient être utilement complétées sous ce rapport dans le sens de l'article 335 du Code pénal italien qui punit la corruption à l'*aide d'actes de libertinage,* d'une mineure de seize ans. Nous l'indiquerons dans le chapitre XVIII de cet ouvrage.

de la police, le service presque exclusif de la débauche serait fait par des engagées volontaires en état de minorité.

Nous n'avons pas encore parlé d'un habitué spécial de la Cour d'assises, le souteneur : c'était autrefois un ouvrier quelconque, épris d'une femme de débauche, par un genre d'attachement très, réel quoique très singulier de part et d'autre ; aujourd'hui, c'est un industriel qui se lève à midi, se promène et passe sa journée dans les bars : il a sa place attitrée au coin d'une rue, et surveille la femme, pendant que celle-ci exerce, sous le contrôle et au profit de cet individu, un commerce honteux : l'atteindre était difficile, car c'était un *état* à punir plutôt qu'un fait ; cependant la loi du 27 mai 1885 y est parvenue, en assimilant l'état de souteneur à celui de vagabond (1); elle les a punis tous deux des

(1) « Sont considérés comme gens sans aveu et punis des

mêmes peines : c'est aujourd'hui le délit de *vagabondage spécial,* connexe à beaucoup de crimes ; car, sous un type doucereux, le souteneur est féroce, il est mielleux par corruption et sanguinaire par nature : si la femme n'a pas *scionné* (1) une compagne à laquelle le souteneur en veut et qu'il préfère ne pas exécuter lui-même, si l'homme devient jaloux et surtout s'il ne trouve pas à la femme qu'il protège un savoir-faire suffisant pour le rémunérer, il la frappe à

peines du vagabondage tous individus, qu'ils aient ou non un domicile certain, ne tirant habituellement leur subsistance que du fait de faciliter sur la voie publique la prostitution d'autrui. » (Loi du 27 mai 1885 sur les récidivistes, art. 4.) A la même époque, l'Empire allemand faisait une loi plus sévère que la nôtre contre les souteneurs, dont l'industrie avait atteint à Berlin des proportions encore plus grandes qu'à Paris.

(1) « *Scionnèr* » veut dire scier à coups de couteau. Dans une affaire criminelle, une femme racontait que s'étant prise de querelle avec une autre femme, son souteneur avait exigé qu'elles se battissent un soir à la tombée de la nuit, craignant pendant le jour les gens ou plutôt, disait-elle, les agents; il assistait à la lutte, en lui disant : « Si tu ne la « *scionnes* » pas, c'est toi qui feras la belle, et j'irai lui ouvrir le ventre sur son lit d'hôpital. » Voilà le souteneur!

coups de couteau ou l'écrase sous ses talons de bottes. Après une information suivie sur les plaintes réitérées de la femme contre le souteneur, lorsqu'elle a été entendue et confrontée avec lui, à la suite de scènes tellement violentes entre les deux devant le juge d'instruction, qu'on place des gardes pour les séparer, l'homme est renvoyé devant la Cour d'assises pour tentative de meurtre ou coups prémédités : eh bien ! le jour de l'audience, il n'aura pas besoin d'avocat, la meilleure plaidoirie sera faite par sa victime : elle est sortie de l'hôpital le matin même pour le défendre.

Je voudrais concentrer ici dans une histoire unique qui sera celle de Marthe B... les traits les plus saisissants que j'aie vus se produire devant la justice dans beaucoup d'histoires diverses, mais qui avaient toutes ce côté commun qu'elles étaient relatives aux victimes des souteneurs : il y a des misères à peindre dans une situation qui n'est ni sans excuses ni sans reproches, et surtout des « remèdes » à chercher ; car la dernière partie de mon travail où je vais entrer, n'envisage les remèdes que par rapport aux criminels ; la question mérite cependant qu'on l'étudie également par rapport aux victimes, et ce n'est pas la bienfaisance publique qui fait défaut, car elle n'a laissé à aucune source du mal son cours libre.

Marthe B... aura bientôt quinze ans : elle se présente devant le commissaire de police et lui dit :

« J'avais sept ans quand mon père est mort, ma mère s'est remariée ; jusqu'à sept ans j'allais à l'école, de neuf à douze ans je restai chez ma mère qui était malade et je l'aidais dans son ménage ; à douze ans, je fus apprentie chez un fabricant de sacs en papier et ensuite tireuse de baleines ;

on me remercia faute d'ouvrage. J'ai connu Marcel chez la fille Adeline, qui vivait avec Jean, frère de Marcel ; un soir, on me fit boire chez Jean, à l'hôtel du Perroquet, et Marcel abusa de moi. Depuis, il ne me laisse plus rentrer chez ma mère, il me force à descendre dans la rue, et quand je tarde à le suivre, il me dit : Si tu ne descends pas, je vais te faire ton affaire. Il va, il vient, il me surveille ; tout mon argent, il le prend ; ce petit livre que vous avez saisi chez lui et où il vous a dit inscrire ses gains aux courses, ce sont mes gains inscrits par lui jour par jour ; et quand la moyenne n'était pas suffisante, il me frappait à coups de couteau ; cette lettre que voici, c'est une lettre de menace, parce que j'avais parlé à une autre femme et qu'il en avait ressenti, sans motif, une atroce jalousie : j'ai fait une fausse couche il y a un an à Saint-Lazare, j'ai été conduite ensuite à l'hospice Tenon ; à peine guérie, il a recommencé, il me tient dans l'étreinte d'une chaîne de forçat, *c'est un descendant de bête sauvage...*

« Je porte plainte à cause des coups de couteau. »

La mère confirme cette déclaration : « J'ai tout d'abord refusé, dit-elle, de réclamer ma fille, mais je m'y suis décidée, ayant été prise de pitié en apprenant que cette malheureuse était malade à la suite d'une fausse couche à Saint-Lazare ; elle était couverte de bleus sur tout le corps. Voyant ma stupéfaction, elle me dit avec une sorte de simplicité : C'était quand je ne voulais pas sortir ou quand je ne lui rapportais pas assez d'argent. Marcel terrorisait ma fille ; et moi, il me menaçait de me planter son couteau dans les épaules, si je parlais au commissaire ; ils ont même dit à son frère Jean et leurs amis qu'ils feraient ce soir le siège de ma maison, quand je rentrerais du Palais. Ma position est horrible. »

Marcel et Jean sont condamnés sévèrement par le jury, et Marthe B... rentre chez elle avec sa mère.

Que va-t-elle devenir?

La mère peut demander au président du tribunal, qui ne le refusera pas, après une enquête du commissaire de police, un ordre d'arrestation pour faire détenir sa fille dans un établissement correctionnel. Lorsque j'étais au Petit Parquet (1), cet établisse-

(1) Le Petit Parquet est le lieu où l'on amène tous les individus arrêtés à Paris sous une inculpation légère : les mendiants, vagabonds, voleurs à la tire et à l'étalage, forment le gros contingent, en y joignant ceux qui ont insulté les agents. Quand je remplissais ces fonctions, M. Maxime Du Camp vint un jour en étudier le mécanisme; il remit à un homme qui lui parut intéressant, une pièce de cinq francs : le surlendemain, l'homme me fut ramené, la générosité de M. Maxime Du Camp n'avait profité qu'au cabaret. On voit là ce qu'on peut appeler la *paresse invincible* : des hommes qui préfèrent la stagnation au dépôt de la Préfecture de police où ils croupissent en causant sans rien faire, plutôt que le travail.

ment était la maison Saint-Michel, rue Saint-Jacques, 193; on nous amenait les enfants détenus par voie de correction paternelle avec les autres détenus du Dépôt, et la Préfecture de police expédiait les garçons à la Petite-Roquette et les filles à Saint-Michel.

Curieux débris de l'ancien Paris, que cette maison de Saint-Michel, bâtie par Mansard sur l'emplacement du *fief des Tombes;* au fond d'un entonnoir sur la rue Saint-Jacques, une vieille porte cochère, avec son marteau de bronze; au delà de la porte, des tilleuls effilés, et un puits qui rappelle bien en ce lieu celui de la Samaritaine; à l'extrémité de la cour, deux étages superposés de parloirs avec doubles grilles en barreaux noirs : derrière ces grilles, des religieuses blanches; les *petites paternelles,* comme on les appelait alors, franchissaient les clôtures et trouvaient un grand jardin avec de larges espaces pour se faire oublier et surtout oublier (1).

Le conseil municipal a déplacé l'établissement correctionnel : de Saint-Lazare où l'air manquait, on transféra le lieu de correction paternelle à la Fouillouse : après les événements qui se sont terminés par des poursuites judiciaires devant le tribunal de Versailles, la maison de

(1) Les terrains de la maison Saint-Michel dépendaient autrefois du *fief des Tombes;* ce fut un conseiller au Parlement, M. Le Clerc de Besseville, qui les vendit en 1626 à Mme de Dampierre pour y fonder le second monastère des *Filles de la Visitation,* et comme Anne d'Autriche, qui était attirée de ce côté par le Val-de-Grâce, s'arrêtait fréquemment à ce couvent, on chargea Mansard d'élever sur les jardins la belle façade Louis XIV avec balcons d'angle qu'on admire aujourd'hui. Mlle de Lamoignon, fille du premier président Guillaume de Lamoignon, s'étant faite Visitandine en 1628, le monastère devint un peu judiciaire ; les Lamoignon le protégeaient, et quand le premier président venait voir sa fille, ce qui arrivait souvent, on reconnaissait *le coup de sonnette de M. le Premier.* Après la Révolution, Napoléon Ier mit à la place des Visitandines, qui n'avaient pas repris possession, les religieuses Eudistes qui y sont actuellement, *pour élever,* disait-il, *des filles repenties et les ramener au bien.* Les grilles des parloirs ont passé des religieuses aux filles repenties.

Nanterre a été désignée pour les filles arrêtées sur la demande de leurs parents, et cette désignation paraît définitive.

Les pénitentiaires américains et belges qui viennent à Paris admirent la maison de Nanterre ; en pleine campagne sur la limite de Nanterre et de la Garenne-Bezons, avec des horizons lointains et des terrains immenses où la prison est aménagée suivant tout le confort pénitentiaire moderne, Nanterre offre un type de construction grandiose : la première cour franchie, quand on entre sous un cloître roman très pur, avec promenoirs exhaussés sous ses arcades, l'eau, les plantes et les arbres faisant parterre, on croit revoir un monument d'Italie. Les enfants y sont en cellules, petites cellules très propres, presque coquettes, sous l'œil ouvert des surveillantes, avec l'eau et le gaz, une table de travail manuel qui se relève pour les lectures, et des moyens perfectionnés de propreté et d'aération; tous les jours, l'institutrice, la maîtresse de travail et l'inspecteur, accompagnés d'une surveillante, s'occupent de l'enfant; une instruction imprimée qui lui est remise lui rappelle le vieil adage *Aide-toi, le ciel t'aidera;* on lui dit dans ce petit code de ses devoirs que s'amender, c'est bien préparer l'avenir; que de l'esprit de suite dans son application dépend le succès de ses efforts, et qu'une conduite régulière, stable, la rendra digne, après un laps de temps dont l'administration *seule est juge,* de la liberté qu'elle ambitionne. Pendant le premier mois, le système d'isolement est absolu, et l'enfant se promène seule; ensuite elle a un cercle de compagnes choisies; un système gradué de témoignages et de billets d'honneur récompense ses efforts. Les cellules sont disposées comme celles de Mazas, pour voir le service religieux célébré par le prêtre, au centre des ailes de la prison.

Mais la durée de la détention est très limitée par la loi (1) : un mois au-dessous de seize ans, six mois, au maximum, de seize ans à vingt et un ans; Marthe B..., ayant quatorze ans et demi, ne sera détenue qu'un mois, et sa mère trouvera peut-être ce séjour d'un mois à Nanterre insuffisant pour l'amender. Des *refuges* s'ouvrent à elle pour recevoir l'enfant, ce ne sera plus alors l'autorité publique qui s'en occupera, mais la charité privée, sous le contrôle de la mère et tant que celle-ci ne retirera pas son consentement : les refuges sont très nombreux, ils appartiennent à toutes les

(1) Si l'enfant est âgé de moins de seize ans commencés, le père pourra le faire détenir pendant un temps qui ne pourra excéder un mois... Depuis l'âge de seize ans commencés jusqu'à la majorité ou l'émancipation, le père pourra seulement requérir la détention de son enfant pendant six mois au plus. Il faut pour cette mesure des sujets de mécontentement très graves sur la conduite de l'enfant. (Art. 375, 376 et 377 Code civil.)

religions, et les enfants y sont partout dirigés intelligemment vers le bien (1).

Si, parmi ces établissements divers qui sont tous très bons (2), la femme B... choisit la maison Saint-Michel restée ouverte comme refuge libre depuis qu'elle ne sert plus

(1) Voici la liste de ces refuges : pour la religion catholique, la maison du Bon-Pasteur, rue Denfert-Rochereau 71 ; le refuge de Notre-Dame de Charité dit Saint-Michel, rue Saint-Jacques, 193 ; le Petit Ouvroir de Saint-Vincent de Paul, rue du Cherche-Midi 120 ; l'Œuvre de la préservation, rue de Vanves, 185 ; Notre-Dame de Miséricorde, rue de Vaugirard, 340 ; l'Asile-ouvroir Gérando, rue Blomet, 82 ; l'Asile Sainte-Madeleine, impasse Robinet, 8 ; l'Œuvre du refuge de Sainte-Anne, à Châtillon-sous-Bagneux ; le Bon-Pasteur de Conflans et la Société de patronage de jeunes filles fondée par Mme de Lamartine, à Chatenay (Seine) ; pour la religion protestante, la maison des Diaconesses, rue de Reuilly, 95 ; l'Œuvre du Refuge, rue des Buttes, 20 ; l'Œuvre protestante des prisons de femmes, boulevard de Vaugirard, 4, et l'Asile temporaire de jour, rue des Grands-Augustins, 28 ; pour la religion israélite, la Maison de refuge de Neuilly (Seine), boulevard de la Saussaye, 19.

(2) Le plus important paraît être le Bon-Pasteur de la rue Denfert, mais il a été décrit par M. Maxime Du Camp dans son livre *La charité à Paris*, dans des pages présentes à toutes les mémoires, pages bien vivantes, qui n'ont aucune raideur économique ni dogmatique, et présentent sur ce que je puis dire l'avantage de n'être pas écrites à un point de vue exclusivement judiciaire. J'y renvoie les lecteurs qui voudront connaître toutes les victimes et tous les remèdes.

d'établissement correctionnel à la Ville de Paris, voici, d'après mes souvenirs du Petit Parquet et les éléments d'information que des circonstances particulières y ont ajoutés, quelle sera la situation de Marthe B... : elle y sera reçue moyennant 15 à 20 francs par mois, qui ne seront pas exigés très rigoureusement, à cause de l'indigence de la mère, et de suite elle sera placée, suivant ses aptitudes physiques et son caractère, dans l'un des trois grands corps d'état qui fleurissent dans la maison, blanchisseuses, repasseuses ou lingères : car la maison vit de son travail et surtout du blanchissage à neuf pour les grands magasins de confection; quand le travail chôme, on prélève une part plus forte sur les légumes du jardin, et la charité pourvoit au reste.

Le marquis de Mirabeau, qui était un humanitaire de son temps, disait dans la langue un peu verte à l'usage de la famille (1) : « *L'entassement des hommes engendre la pourriture comme celui des pommes.* » La psychologie actuelle ne dit pas autre chose : il est d'expérience que plus il y a d'amendables réunis ensemble, moins il y a d'amendés ; quand l'*Œuvre des libérées de Saint-Lazare* voulut fonder un asile pour les femmes qui sortaient de prison, on préféra à un asile unique, qui eût diminué les frais généraux, deux petits asiles établis tous deux à Billancourt, renfermant chacun six libérées au plus, sous une direction rustique pour les filles de la campagne et plus urbaine pour les déclassées ; ils ont admirablement réussi, donnant au sortir de la geôle la sensation du

(1) Le marquis de Mirabeau était le père du tribun : il n'était pas courtisan et ne fit pas son chemin à la Cour, ce qui fit dire de lui par son fils cette belle parole : « On lui rendit en respects ce qu'on lui devait en honneurs. » *Mirabeau,* par Edmond Rousse, de l'Académie française. Hachette, 1891.

foyer domestique : ce sont les petits enfants de l'Œuvre de Saint-Lazare (1).

La maison Saint-Michel est un grand asile divisé en petits : grâce à un dédale de bâtiments, d'escaliers, de cours et de greniers de tous les temps (2), comme il ne s'en trouve nulle part ailleurs, on y a résolu le problème de la pluralité dans l'unité : chaque corps d'état forme une di-

(1) « Les résultats obtenus ont été si heureux que nous croyons, très sincèrement, que c'est là qu'on doit chercher la voie à suivre ou, tout au moins, une des voies à suivre dans l'établissement des patronages. Nous voudrions voir se répandre cette manière de procéder. L'expérience de trois années déjà permet de se rendre compte des règles à suivre pour arriver à un bon résultat, en évitant les dangers du système administratif et des grandes agglomérations, qui, à notre sens, risquent de stériliser tous les efforts. » BOGELOT, *Du patronage des libérés.* 1887. Georges Carrel, 112, boulevard Saint-Germain.

(2) Ce dédale de constructions donna la pensée à Mgr de Quélen, archevêque de Paris, de se cacher au couvent Saint-Michel, au moment où des persécutions religieuses sévirent le plus violemment sous le règne de Louis-Philippe : la légende raconte même que, dénoncé et serré de près par ses persécuteurs, l'archevêque n'eut un jour que le temps de se sauver de sa chambre, et que des mains pieuses répandirent sur le lit des vêtements de femme pour bien montrer qu'un archevêque n'avait pas pu loger là.

vision, se subdivise au besoin, mais jamais une division ou subdivision ne voit et n'entrevoit même sa voisine : les récréations sont à des heures différentes et dans des parties diverses du jardin, la chapelle est divisée par tranches ; quelque événement qui arrive, la pensionnaire placée à ses débuts dans une catégorie ne pourra jamais passer dans une autre.

Dans le livre des *Enfants en prison*, nous trouvons ce portrait charmant de la religieuse qui préside, au dépôt de la Préfecture de police, la salle commune des femmes ramassées pendant la nuit dans les rues de Paris : « A midi, c'est l'appel pour le bureau des mœurs. La salle se vide ainsi qu'un abcès, le brouhaha diminue et les rangs s'éclaircissent autour de la chaire où se détache, seule note lumineuse du tableau, la silhouette de la religieuse, immobile sous ses voiles bleus, comme une icone oubliée dans la chapelle. Tout à l'heure rentrera la théorie purulente, et pour calmer les vociférations, pour obtenir un ordre que des gardes-chiourme seraient impuissants à maintenir, il suffira que la Sœur Marie-Joseph, une jeune fille de vingt ans, frappe de son missel le rebord de son pupitre. Les harpies lui obéiront, non parce qu'elle est puissante, non parce que flotte dans les plis de sa robe le prestige religieux, mais parce que la voyant jeune et belle, elles la savent vierge, et que leur vice est dompté par cette vertu (1). »

S'il en est ainsi d'un personnel de prisonnières qui, dans une grande ville où toutes les abjections remontent à la surface, peuvent être considérées, sans exagération de langage, comme l'écume de la lie, la maison

(1) *Les enfants en prison,* p. 145.

de Saint-Michel doit avoir moins de mal qu'on ne suppose à dompter des natures plus jeunes, avec le travail, les récréations un peu violentes, la force de la douceur et le privilège d'une vocation spéciale pour ces sortes de misères; quelques personnes âu visage plus mûr dirigent les autres et forment en quelque sorte les cadres de ces recrues (1); ce sont les *anciennes :* entrées au port un soir d'orage, elles y sont restées toute leur vie, laissant au large leur flottille désemparée suivre la foi incertaine des flots; la maison leur donne le vivre et le couvert, des soins dévoués dans leurs maladies, l'assurance de vieillir et mourir aux lieux où elles ont vécu; elles donnent à

(1) « J'ai vu au Bon-Pasteur, rue Denfert, dit Maxime Du Camp, une femme de soixante-dix-sept ans qui habite la maison depuis que l'œuvre a été fondée; elle me disait : Voici cinquante ans que je suis ici, je suis la doyenne. » M. Maxime Du Camp constate que les filles repenties qui restent dans la maison ne peuvent y devenir religieuses. (Maxime Du Camp, t. III, Paris, chap. xv, § 4.) Cette dernière règle existe également dans la maison Saint-Michel.

la maison toutes leurs forces et la meilleure de toutes, qui est celle de l'exemple : aucun contrat ne les lie, on peut toujours les renvoyer, elles peuvent toujours partir, en fait elles demeurent. Ont-elles eu raison? ont-elles eu tort? Elles seules peuvent le savoir, en supputant les jouissances qu'elles ont perdues et les avantages qu'elles ont trouvés. Les murs de la maison les regardent avec orgueil, en semblant dire : Celles-là sont celles qui se sont le mieux gardées.

Sans devenir une âme de neige, Marthe B... pourra, si elle entre au refuge, y rester très efficacement pendant six ans jusqu'à sa majorité ou jusqu'à son mariage, qui est considéré comme la meilleure circonstance au point de vue moral pour sortir du Bon-Pasteur, et alors l'horoscope du commissaire de police sera réalisé : « Cette fille qui n'a pas quinze ans est certainement vicieuse, mais pourrait être ramenée dans le droit chemin. »

Seulement, consentira-t-elle à y entrer? Il est permis d'en douter, car la défense de Marcel consiste à dire qu'elle venait le provoquer : le père de Marcel, confirmant les allégations de son fils, déclare que bien souvent il a entendu Marthe B... dire, en parlant de celui-ci, qu'elle se remettrait toujours avec lui, « arrive que pourra », et la dernière pièce du dossier est une lettre de Marthe B... à l'accusé, qui se termine par ces mots : « Je suis pour la vie celle qui t'aime toujours... »

CHAPITRE XIV

LES REMÈDES.

Ce n'est pas pour le vain plaisir de satisfaire les statisticiens et les curieux, qu'il convient d'exposer ces tristes choses ; le mal appelle le remède, mais le remède ne peut être indiqué avec fruit qu'après une analyse nue et sans artifice de langage, du mal à traiter. Les lamentations sur la déperdition des anciennes mœurs et les progrès toujours croissants de la corruption publique, ne nous touchent plus guère, on les a entendues dans tous les temps ; les peuples ont, comme nous l'avons eu tous dans notre jeunesse, l'âge de la rhétorique, pendant lequel une certaine morale oratoire remplit agréablement l'oreille; mais quand la maturité est survenue, rien n'agit sur les esprits que ce qui vit dans les faits : généralités et sonorités font page creuse ; le lecteur qui les rencontre saute vingt feuillets pour arriver à la conclusion du livre, et celui qui va jusqu'au bout se dit plusieurs fois avec le bonhomme La Fontaine, terminant par cette morale courte, mais pratique, la fable de l'*Enfant et du Maître d'école* :

> Eh! mon ami, tire-moi de danger,
> Tu feras après ta harangue.

A la Cour d'assises, le danger n'a rien de vague : les « pâles voluptés » dont parle le poète (1) y sont définies, ce n'est ni ombres vaines ni fantômes insaisissables, le vice

(1) Victor HUGO, *Les feuilles d'automne.*

est concret, l'immoralité est dûment qualifiée, le mal est tangible, donc guérissable; quels sont les remèdes?

Quels sont les remèdes suivant la nature diverse du mal dont nous avons esquissé les formes criminelles, soit qu'il s'agisse du mal d'amour qui arme l'un avec l'autre ou l'un contre l'autre deux êtres que la passion a troublés, soit qu'il s'agisse du mal des sens qui souille la pureté de la famille ou s'incarne dans un corrupteur public, possédé d'ardeurs innomées?

Telle est la question morale qui se dégage de cette partie de nos Souvenirs.

Comment prévenir et comment réprimer?

Comment prévenir les crimes de mœurs dans leurs principes, de manière qu'ils ne se reproduisent plus avec la multiplicité effrayante que nous avons signalée?

Comment réprimer les crimes de mœurs

lorsqu'ils ont été commis, de manière que la peine soit efficace pour amender le criminel, et que l'appréhension d'une justice sévère sur les faits d'immoralité devienne, pour ceux que les exemples des autres instruisent, le commencement de la vertu ?

Au point de vue préventif, nous traiterons la question par rapport aux trois catégories de crimes que nous avons signalées, les crimes d'amour, les crimes de mœurs sur les enfants, et les crimes de mœurs des ascendants.

Contre les crimes d'amour, nous indiquerons comme seul remède préventif possible : donner aux débats des affaires de cette nature devant la Cour d'assises une direction telle que les jurés puissent punir moins l'acte criminel en lui-même, qui paraît un coup spontané de la passion, que les défaillances de volonté et de caractère qui ont laissé couver la passion et l'ont conduite au crime.

Contre les crimes de mœurs sur les enfants, nous indiquerons comme remèdes principaux : 1° punir les attentats à la pudeur sur les enfants, même lorsqu'ils n'auront pas été accompagnés de violence, aussi longtemps que les enfants n'auront pas atteint l'âge de quinze ans accomplis, au lieu d'exiger au-dessus de treize ans la preuve si difficile de la violence, comme l'article 332 du Code pénal l'exige aujourd'hui ; 2° supprimer la condition d'habitude dans l'article 334 du Code pénal relatif à l'excitation de mineurs à la débauche ; et enfin 3° introduire dans nos lois pénales une disposition analogue à celle de l'article 335 du Code italien, qui punit la corruption, *à l'aide d'actes de libertinage,* d'une personne mineure de seize ans.

En dernier lieu, contre les crimes de

mœurs des ascendants, nous indiquerons comme remèdes : développer l'application de la loi du 24 juillet 1889 sur la protection des enfants maltraités ou moralement abandonnés, et surtout favoriser la création des logements économiques, comme ceux de la Société philanthropique, qui sauvegardent les lois de la pudeur dans les familles pauvres.

Après avoir recherché les remèdes au point de vue préventif, nous les rechercherons au point de vue répressif, c'est-à-dire à l'égard des individus déjà condamnés pour crimes de mœurs.

Le remède après le crime est la régénération, et le moyen pratique de régénérer les condamnés est, suivant nous, le patronage.

Mais avant d'entrer dans cet ordre de questions, je voudrais auparavant faire connaître les idées générales d'un vieil aumônier de filles repenties sur la matière qui nous occupe, et jeter ensuite un dernier coup d'œil sur la Cour d'assises, pour montrer comment, à la suite des condamnations prononcés par le jury de la Seine, celui-ci s'intéressait charitablement au sort des condamnés.

CHAPITRE XV

UN AUMONIER DE FILLES REPENTIES.

Sur toutes ces graves questions de moralisation humaine, nul n'était plus compétent qu'un vieux prêtre que j'ai connu autrefois, aumônier d'un couvent de filles repenties. Sa maison dont je n'ai pas retrouvé les vestiges, tant les choses s'effacent vite à Paris, s'élevait entre le quartier Saint-Jacques et la rue des Fossés-Saint-Victor ; il dirigeait ailleurs un patronage très étendu de jeunes ouvriers, les personnes du monde venaient dans les cas graves solliciter ses conseils, lui-même n'avait pas été exempt dans sa jeunesse de passions vives dont la discipline sévère du sanctuaire avait eu raison. De ses expériences douloureuses, de ses communications incessantes avec le cœur d'autrui, d'une série de réflexions jointes à un système d'amendement sur lui-même méthodiquement opéré, d'un fonds un peu terne de scepticisme sur lequel ses croyances religieuses se détachaient en pleine lumière, de ces choses diverses était résulté un tempérament sacerdotal plein de clairvoyance, d'une lucidité incomparable, inaccessible aux illusions, insensible aux fausses impossibilités, généreux à froid, et surtout d'une mansuétude infinie : œil de juge et cœur de mère.

Après avoir prêché d'abord avec de grandes images et dans un style fleuri, il avait jeté au feu ses manuscrits en se qualifiant de rhéteur, et il ne faisait plus que des instructions familières sur la direction morale à donner par les jeunes à leur vie, versant là le surplus de ses méditations solitaires et visant surtout un genre de parole qui, comme il le disait lui-même, tombât bien d'aplomb sur sa pensée ; mais il excellait surtout à parler de ses ouailles les plus chères, les filles repenties, brebis un peu vagabondes, qu'une volonté qui n'était pas la leur avait conduites dans son bercail, laissant plus ou moins de flocons de laine aux ronces du chemin.

Il disait donc : « A mes débuts comme aumônier du refuge, je recevais volontiers la visite des nouvelles arrivantes qui venaient me raconter leurs malheurs, j'en écoutais la longue histoire et je leur donnais quelques conseils ; mais je m'aperçus bientôt qu'elles ne cherchaient, en réalité, qu'à parler encore de leurs amours et de leurs plaisirs, et je coupai court à ces entretiens. Je me bornai depuis lors à leur dire : Combien de temps avez-vous vécu dans le désordre? Tant de temps, tant de fautes : cette arithmétique était presque infaillible, toutes étaient tombées de même : de chute en chute, chacune était arrivée au même état; au bout de quelque temps, j'avais sous l'œil toutes ces âmes, elles paraissaient devant moi comme un damier.

—Mais, monsieur l'aumônier, quel remède leur donniez-vous pour ne pas retomber dans le mal, quand elles étaient sorties de la maison?

— Des remèdes, répondait le prêtre, en prenant un ton plus grave, des remèdes sûrs, en dehors de l'action de la grâce qui est le secret des consciences et dont l'influence mystérieuse s'exerce entre l'homme et Dieu, je n'en connais pas : les bonnes paroles, les exemples, le frein de la surveillance, à un certain âge, et contre les effluves de la jeunesse et de la vie, qu'est-ce que c'est que cela? Autant vaut construire un barrage avec des fétus de paille pour arrêter le cours d'un torrent : plus tard, je ne dis pas, quand l'âge est venu, et encore, les années ne font souvent que changer les vices, la maladie seule fait rentrer en soi-même, c'est une leçon qui est toujours écoutée; lors même qu'elle n'est pas le résultat de l'inconduite, elle en interrompt le cours et sert souvent de transition à une vie mieux réglée.

« Ce qui est vrai, c'est qu'il n'y a en pareille matière rien d'absolu, de général, de permanent : tout est contingent, relatif, transitoire; dans la nature humaine, c'est l'espèce qui tombe et c'est l'individu qui se relève; tel remède irrite l'un et guérit l'autre; la maternité, qui est le salut de la plupart des femmes, en affranchit quelques-unes de tout ménagement; un abandon qui ulcère le cœur créera une solitude bien faisante ou généralisera des relations coupables; il y a des persévérances résistantes à côté de gangrènes perpétuelles, pour ne pas dire spontanées (1).

« Le grand point est d'éviter les agglomérations de personnes, de catégoriser, d'isoler, de *celluler* en quelque sorte la vie, de ne pas laisser croire qu'une seconde tentative d'émancipation serait suivie, cette fois, du bonheur. Coupez les ailes des espérances trompeuses, laissez les désirs inassouvis sommeiller doucement leur sommeil, et que le mur de garde garde aussi les imaginations.

« Une dame qui connaissait ma situation dans cette maison m'écrivait un jour : « J'avais cru que le seul bonheur de

(1) M. Maxime Du Camp exprimait la même pensée dans son article de la *Revue des Deux Mondes* du 15 mars 1887 sur l'œuvre des libérées de Saint-Lazare : « Dans les maladies morales, on en rencontre d'incurables, et les rechutes sont fréquentes; souvent la convalescence est longue, avec des intermittences de retour au mal ». (P. 321.)

l'homme sur la terre était de suivre les passions de son cœur ; je l'ai fait, et l'événement m'a détrompée... Nulle n'a pleuré autant que moi ni plus souffert, les épines m'entraient bien avant en courant après ces roses, elles m'ont meurtrie et sauvée. Si mes malheurs peuvent servir d'exemple, publiez ma confession. » Mais je m'en serais bien gardé, ajoutait l'aumônier, car ces épines-là eussent paru des roses pour les passions plus aguerries de mon auditoire.

« Mon collègue des jeunes détenus m'invite souvent à venir dans sa maison ; j'y vais au sortir de mon patronage. Ses enfants ressemblent aux miens, ils m'écoutent de même ; mais les miens, dès qu'ils sont libres, rentrent chez leurs parents ; les autres, à peine libérés, reviennent à leurs habitudes : celui-ci retourne coucher sous les ponts et dans les fours à plâtre, celui-là reprend sa place de *file à l'indienne* pour voler à la tire aux foires de Neuilly et du Trône ou dans les bureaux des omnibus, un troisième recherche un homme mûr pour opérer le chantage au préjudice des vieux débauchés. Du côté où cet arbre redressé penchait, l'arbre retombera. L'abîme rappelle ceux que l'abîme a appelés. »

Et l'aumônier, arpentant sa petite cellule, terminait sa consultation sur la thérapeutique des passions en disant : « Je suis comme les vieux médecins qui ne croient plus qu'à l'hygiène; la mienne est une hygiène religieuse, non pas parce que je suis prêtre, mais parce que l'expérience de toute ma vie a formé sur ce point ma conviction : je crois que la pensée d'une autre vie moins rude, jointe aux consolations, et je dirai plus, aux occupations que les pratiques religieuses apportent dans l'existence d'un prisonnier, est l'adjuvant le plus efficace pour inspirer un retour au bien. Interrogez tous les protestants et les israélites qui s'occupent des questions pénitentiaires, ils auront sur ce sujet la même pensée que moi. Au point de vue humain, je crois qu'il faut traiter ces natures vicieuses ou tout au moins momentanément viciées, comme les médecins qui s'occupent des maladies mentales traitent les natures nerveuses, épuisées par les contre-coups de la vie : je vois ces hommes de patience autant que de science exercer comme une sorte de haute police, physique et psychique, sur leurs sujets, et arriver par la réfection graduelle des forces du corps à procurer dans les situations les plus complexes le plus d'amendement possible, n'imposant rien, n'exposant rien ; c'est ainsi que nous devons opérer, en restaurant petit à petit et par transitions douces les forces défensives de l'âme. Et puis, voyez-vous, qu'il s'agisse d'hommes ou de femmes, toutes les fois qu'il y a lieu de relever des *tombés,* les paroles font beaucoup, l'argent fait plus encore; mais la principale chose, c'est le dévouement. »

CHAPITRE XVI

LES ŒUVRES DE LA COUR D'ASSISES.

Tous les hommes qui ont fréquenté la Cour d'assises connaissent le damier du vieux prêtre, le damier des filles repenties et des hommes qui ne se repentent guère ; la case des crimes est bien pleine : celle des remèdes est moins remplie.

Que de fois, à la fin d'une journée, — on appelle *journées* à la Cour d'assises les audiences consacrées longuement, trop longuement d'habitude, à une affaire qui a fait sensation, — lorsque l'ordonnance d'acquittement avait été prononcée et que nous rentrions, mes collègues et moi, dans la chambre du conseil, avec la tristesse d'un devoir qui nous paraissait mal rempli, que de fois n'avons-nous pas dit, en parlant de l'accusé : « Il reviendra ! » Et bien souvent, devant une juridiction ou devant une autre, il revenait.

A ce moment, les sentiments de la foule, qui jusqu'alors avaient été contenus par la présence de la Cour, faisaient irruption dans une grosse clameur confuse, composée de protestations et d'exclamations, de cris et de rires, de murmures et d'applaudissements : manifestation indécise qu'un bon président doit éviter d'entendre, en prenant soin de lever inopinément l'audience, dès qu'il a prononcé son dernier mot. Peu à peu le bruit tombait comme un torrent qui s'apaise, les flots de la foule allaient se répandre sur l'escalier de la place Dauphine, autour des deux lions en pierre qui gardent de ce côté les marches du Palais; des groupes nombreux se perdaient sous les galeries des Prisonniers qui sont si belles à voir le soir éclairées par les lumières; quelques-uns traversaient la grande salle des Pas perdus, saluant au passage le *banc du sénateur* (1) et, debout sur leurs marbres, Malesherbes et Berryer (2) : puis le silence, un greffier attardé qui hâtait le pas, le commandant des

(1) Le *banc du sénateur*, dans la salle des Pas perdus, est celui que Me Allou, sénateur inamovible, affectionnait de préférence dans les dernières années de sa vie pour s'y asseoir et causer.

(2) Dans le *Berryer* de Chapu, qui décore la salle des Pas perdus, les deux magnifiques statues de la Fidélité et de l'Éloquence qui sont à la base du monument nuisent à l'orateur, et le buste de l'orateur écrase les statues. L'avis des architectes et des avocats compétents sur la matière est que le portique sous lequel on a placé Berryer est trop étroit, que l'orateur étouffe dans ce cadre, et que les figures se détacheraient et s'enlèveraient beaucoup mieux, si elles se présentaient aux regards comme un groupe à l'air libre, ou si on les débarrassait tout au moins de la première travée, pleine de raideur, de l'encadrement. Une réduction récemment faite par M. Froment-Meurice de la statue de Berryer seul confirme cette opinion : la statue a gagné à cet isolement.

gardes rentrant, toutes inspections faites, dans son logis (1), les vestiaires des avocats, éteignant leurs lumières, et, sauf les pas cadencés des gardes républicains qui faisaient leur faction, la justice se taisant dans sa demeure endormie.

A la même heure, l'accusé que le jury venait d'acquitter suivait en courant le limaçon de pierre qui descend dans les sous-sols du Palais : les gardes avec lesquels il causait familièrement, ouvraient rapidement à son impatience les deux fortes grilles scellées sur deux paliers espacés dans un parcours de quatre-vingt-dix marches : il passait le cœur léger sous la façade ouest du Palais, à travers ces steppes mornes et sans lumière où se traînent lourdement et languissamment à d'au-

(1) Le commandant des gardes du Palais, pendant que je présidais la Cour d'assises de la Seine, était le commandant Lunel, qui avait toujours la fermeté et la mesure nécessaires pour chaque auditoire, aussi variable que chaque affaire.

tres jours les pas des condamnés ; à la grille intérieure de la Conciergerie, les gardes du Palais le remettaient aux gardiens de la prison, et après un dernier regard à sa cellule, ses adieux faits et l'écrou levé, il se trouvait sur le quai de l'Horloge dans les bras de ses amis triomphants. « Oh ! ces vieux murs, ces préaux, ces tours en poivrière ! je ne les oublierai jamais ! Quelle épreuve, mais aussi quelle leçon ! » Serments sincères, mais illusoires, promesses stériles, que les infortunes d'une passion malheureuse font naître : demain peut-être une passion nouvelle les fera oublier.

Cyprien X... avait obtenu du juge d'instruction sa liberté provisoire, à la condition que, s'il était renvoyé devant la Cour d'assises comme il devait l'être, il viendrait se présenter à la Conciergerie, au jour indiqué pour subir son interrogatoire. Sa tête s'était exaltée à Mazas, et il avait écrit au juge cette lettre touchante : « Je suis mal portant en prison et je crains d'y mourir, je vous serais reconnaissant de me mettre en liberté provisoire ; je rentrerai chez moi avec ma femme, je serai toujours à votre disposition. » A quarante ans, marié et père de famille, très versé dans les sciences et d'une intelligence qui n'était pas ordinaire, X... s'était épris, dans une ville d'eaux bâtarde des environs de Paris, d'une femme galante pour laquelle il avait fait en fleurs qu'elle aimait de préférence, des prodigalités insensées; trompé par cette femme, il avait tiré sur elle et un étudiant en droit dont elle était devenue la maîtresse, plusieurs coups de revolver assez graves, qui les avaient blessés sans les tuer; le jour de la convocation, X... ne vint pas, et l'on apprit qu'ayant donné rendez-vous à celle qui avait été sa victime, dans la voiture qui le conduisait à la

Conciergerie, il avait fait tourner bride et s'était embarqué avec elle pour l'Angleterre; abandonné de nouveau quand l'argent manqua, X... revint en France, et sa femme le conduisit à la Conciergerie, ne le quittant pas cette fois avant d'avoir vu se fermer sur lui les portes de la prison. Me Demange, qui le défendait, le fit acquitter, sans dissimuler dans sa plaidoirie que la fugue en Angleterre avait plus gêné la défense que toute l'accusation.

S'il en est ainsi de l'homme qui a subi l'épreuve de la Cour d'assises, de celui-là même qui, prêt à y comparaître, compromet par son imprudence toutes les chances d'acquittement, quel sera l'état d'âme de ceux qui sortiront condamnés, qui le lendemain du rejet de leur pourvoi en cassation rouleront dans ces prisons ambulantes qui partent tous les soirs des gares de chemins de fer pour les maisons centrales ou l'île de Ré? La société qui les a condamnés les abandonnera-t-elle sans assistance, et la justice ne doit-elle pas sur la tête du coupable donner la main à la charité?

Cette pensée avait inspiré une institution excellente, qui était d'organiser entre les jurés au dernier jour de leur session une quête pour les *Œuvres de la Cour d'assises.* Les jurés arrivent pleins de prévention contre la magistrature; pour un grand nombre, la Cour d'assises est une chasse à l'homme où la justice tend des pièges, et la défense des échappatoires à des faiblesses dignes de pitié; mais bientôt leurs idées se modifient : ils se passionnent pour leurs fonctions et parfois deviennent plus sévères que les magistrats. Au dernier jour de la session, leur âme s'ouvre à toutes les idées généreuses, et c'est d'une main très libérale qu'ils versent leur offrande pour les œuvres de la Cour d'assises. Ces œuvres sont celles qui se rattachent à des condamnations ou tout au moins à des poursuites judiciaires, ayant pour objectif principal les condamnés après leur libération; le juge d'un jour panse la plaie qu'il a faite, et, prêt à résigner son pouvoir éphémère, ne pouvant pas pardonner, son dernier acte est pour secourir.

Voici la liste des œuvres de la Cour d'assises, telle que je la trouve dans les papiers de ma dernière audience :

1. Enfants abandonnés ou coupables;
2. Jeunes détenus libérés;
3. Libérées de Saint-Lazare;
4. Saint-François Régis;
5. Engagés volontaires;
6. Orphelins des deux sexes;
7. Orphelins des deux sexes et Société d'apprentissage;

8. Prévenus acquittés ;
9. Asile de nuit pour les femmes ;
10. Asile de nuit pour les hommes ;
11. Orphelinat de la Seine ;
12. Colonie de Mettray.

CHAPITRE XVII

REMÈDES PRÉVENTIFS. — I. LES CRIMES D'AMOUR.

Contre les crimes d'amour, le jury seul peut réagir : le remède dépend de lui ; une série d'acquittements, escomptés d'avance, a accrédité dans l'opinion publique cette fausse idée que parmi les crimes inspirés par une passion, il fallait mettre à part ceux qui étaient dictés par la passion de l'amour, et que les crimes de cette nature étaient protégés sous le nom de *crimes passionnels* par une auréole intangible de gloire et d'impunité. Ce préjugé doit être détruit par le jury qui l'a fait naître : des condamnations modérées, mais constantes, effaceront, en matière de crimes d'amour, la légende de l'infaillible acquittement.

Contre l'amour considéré comme passion, il n'y a rien à faire : le seul remède est la fuite, et c'est celui dont la passion veut le moins : elle n'admet que les faux départs.

Dans les *Aventures de Télémaque* qu'on ne lit plus guère (1), Fénelon a peint d'une manière saisissante le jeu de l'amour : les nymphes de Calypso qui veulent enchaîner Télémaque à sa passion naissante pour Eucharis, brûlent le vaisseau sur lequel il doit partir, et Mentor, qui veut arracher Télémaque à cette passion, le prend par

(1) Sainte-Beuve blâmait le discrédit où était tombé *Télémaque* : « Pour apprécier comme il convient le *Télémaque*, disait-il, il n'est que de faire une chose : oubliez, si vous le pouvez, que vous l'avez trop lu dans votre enfance. J'ai eu l'an dernier ce bonheur ; j'avais comme oublié le *Télémaque*, et j'ai pu le relire avec la fraîcheur d'une nouveauté. » (SAINTE-BEUVE, *Causeries du lundi*, t. II, *Fénelon*.)

les épaules et le précipite dans la mer, où il se jette avec lui, l'entraînant au large à la nage : demeurez, l'amour devient le maître ; fuyez, l'amour est vaincu.

« On ne peut vaincre l'amour, dit alors le sage Mentor à son élève, qu'en fuyant ; contre un tel ennemi, le courage consiste à craindre et à fuir, mais à fuir sans délibérer et sans se donner à soi-même le temps de regarder jamais derrière soi... l'amour est lui seul à craindre plus que tous les naufrages... »

Faute d'avoir eu à temps l'énergie du départ, une troupe éplorée d'amoureux criminels, hommes et femmes, jeunes et vieux, Russes, Valaques, Hongrois, Polonais, Italiens, non moins que Français, défilent tous les ans sur les bancs de la cour d'assises ; ils ont tué, assassiné, incendié, violé et vitriolé, mutilé, frappé cruellement de toutes les armes possibles ; mais comme ils ont agi par amour, ils se considèrent comme innocents : un obstacle s'opposait à leur passion, ils ont supprimé l'obstacle ; que peut-on leur reprocher? A vrai dire, ils ont immolé à leurs désirs le bonheur des autres, et d'égoïstes ils sont devenus sanguinaires ; mais, à les entendre ce sont eux qui sont à plaindre ; nul ne peut être juré dans leur cause, s'il n'a aimé comme eux, et qui plus est, à leur manière : leur crime n'est qu'une faute d'entraînement, la passion avait hypnotisé la conscience : « Étions-nous capables, disent-ils, de résister à cette passion? Non, mille fois non ; non capables, donc non coupables. »

Entraînement, inconscience, irresponsabilité, soit, c'est une attitude à prendre devant le jury, et elle réussit souvent : mais est-elle vraie? Lorsqu'une tragédie se termine par un dénouement sanglant, il y a eu, dans les actes qui précédaient, luttes, irrésolutions, angoisses, conseils donnés dans un sens et dans un autre, retours soudains de la conscience, événements divers qui font changer de parti d'heure en heure ; il n'en est pas autrement du criminel, et ce n'est pas au moment où la toile se baisse qu'il faut le juger. Ce qu'il a fait, il l'a voulu, parce que, sans en prévoir peut-être toutes les conséquences, il en a posé le principe ; l'ivresse des sens est une ivresse fumeuse qui n'innocente pas plus celui qui s'y abandonne que l'ivresse du vin ; à un certain moment, l'homme a été le maître de sa destinée, rien ne lui était plus facile que de s'arrêter, et s'il ne l'a pas fait, c'est qu'il s'est cru, par présomption, une force supérieure à celle des autres. Qu'est-ce qui établit contre l'accusé la facilité qu'il avait de ne pas entrer dans une voie fatale ? C'est lui-même. A quel moment le reconnait-il ? Non pas quand il est renvoyé devant la cour d'assises, car il pose, dès qu'il sent le jury ; mais au début de l'instruction, quand il sanglote devant le commissaire de police ou laisse parler la *muette* (1) dans la cellule de Mazas. J'ai vu dans ma vie bien des dossiers d'affaires passionnelles ; eh bien ! il n'y en a pas un seul où l'accusé n'ait dit à un certain point de la procédure : « A tel moment, j'étais parfaitement libre, mon cœur n'était pas pris, rien ne m'était plus facile que de m'éloigner, tous me donnaient ce conseil ; j'ai cru que je serais toujours maître de m'arrêter, mon imprudence m'a perdu. »

C'est à ce moment qu'il faut prendre l'accusé pour le faire punir par le jury, non pas comme un assassin qu'il n'était

(1) La « *muette* » est synonyme de « *conscience* » dans le langage des prisons. *Souvenirs d'un président d'assises* chap. VIII, *Un accusé sans remords.*

pas, non pas comme un meurtrier ou un violent de l'espèce ordinaire, mais comme un faible, un indécis, un présomptueux qui doit compte à la société du sang qu'il a répandu par son manque de volonté, au moment où il pouvait tout vouloir, tout prévoir et tout éviter.

Après avoir trop longtemps capitulé devant les crimes passionnels, le jury de la Seine paraît être entré désormais dans un courant de répression modérée et salutaire ; un journal (1) le signalait avec raison, en montrant combien d'attentats contre les personnes, précédemment impunis, avaient été atteints dans des sessions récentes, et il en attribuait le mérite au ministère public représenté par un avocat général (2) qui, sans demander plus qu'il n'était juste, réduisait les choses passionnelles à leur véritable

(1) Journal *le Temps* du 28 janvier 1892.
(2) M. l'avocat général Cruppi.

valeur, et savait faire punir en deçà de l'acte criminel et avant lui le manque de volonté.

« Les juges, en ce qui regarde ce qu'on est convenu d'appeler des « crimes passionnels », se sont parfois montrés, disait l'écrivain, d'une excessive indulgence. Il semblait qu'un attentat commis sous l'empire d'une passion, ayant quelque rapport avec l'amour ou la jalousie, dût être innocenté par cela même. Pourquoi? On ne saurait véritablement le dire, puisqu'il est certain qu'on ne tue guère que dans un état de passion quelconque, et qu'on ne voit pas pourquoi les passions de l'amour auraient seules le privilège de rendre irresponsables ceux qui s'y abandonnent, ou innocents les crimes qu'ils peuvent commettre. Quelque irrationnelle que fût cette indulgence des jurys, elle n'en paraissait pas moins établie et passée presque dans nos mœurs. Nous nous en sommes trop souvent étonnés en protestant avec vigueur, pour ne pas signaler la réaction qui commence à se faire depuis quelque temps sur ce point comme sur quelques autres, réaction du bon sens public et du sentiment de justice inhérent à la nation qui arrive enfin à se manifester à son tour dans les verdicts du jury. Avec un peu de persévérance dans cette répression énergique, on verra ce genre de crimes diminuer dans la même proportion qu'on les avait vus croître sous le régime de l'indulgence systématique. »

Le jury ne calcule pas assez la portée que ses verdicts auront au dehors ; il ne sait pas que dans des affaires comme les affaires passionnelles, qui excitent très vivement partout et surtout dans les classes populaires la curiosité publique, les condamnations comme les acquittements ont un grand retentissement ; que beaucoup règlent leur conduite sur les conséquences judiciaires qu'elle peut avoir, et que la perspective de la prison refroidira bien des ardeurs que la gloriole de l'acquittement eût exaltées. Un homme qui était poursuivi pendant l'hiver dernier devant le tribunal de Reims pour violences très graves envers sa femme, disait : « Je regrette bien de ne l'avoir pas tuée, car si je l'avais tuée, au lieu de venir en police correctionnelle, j'aurais passé aux assises ; c'eût été une grande audience, et le jury m'aurait acquitté. »

Que la légende du crime passionnel disparaisse ! Que la certitude de l'acquittement en pareille cause devienne une témérité ! Que le jury persévère dans sa nouvelle voie : il rendra service aux victimes qui font pitié à voir, lorsqu'elles apparaissent, comme je les ai vues tant de fois, avec des santés détruites, des infirmités perpétuelles, des plaies béantes, la vue tellement dévorée par le liquide corrosif, que la défense s'opposait à l'enlèvement des appareils qui couvraient les yeux, de peur que l'indignation n'emportât le jury ; mais ce ne sera pas seulement des victimes qu'on sauvera, ce sera les passionnés eux-mêmes ; on leur épargnera bien des regrets : que d'avenirs perdus par ces coups de la passion, et quel froid désespoir plus tard, quand ces flammes sont éteintes ! C'est une femme, Mme Ackerman, qui a dit ces mots si vrais : « Quand le temps a passé sur nos « amours et sur nos douleurs, notre cœur, « qui s'est calmé, est tout étonné de ses « excès. »

CHAPITRE XVIII

REMÈDES PRÉVENTIFS. — II. LES CRIMES DE MŒURS.

Contre les crimes de mœurs commis sur des adultes, la législation française nous paraît suffisamment armée ; elle s'étend cependant beaucoup moins dans la voie de la répression que la plupart des législations étrangères : ainsi, d'une part, la loi française abandonne à la réprobation publique, sans les punir, les mœurs d'une catégorie particulièrement infamante qui sont délictueuses dans les Codes allemand, autrichien et hongrois, et les lois anglaises elles-mêmes (1), et d'autre part les lois françaises ne permettent pas de poursuivre ce que nous avons appelé, plus haut (2), les crimes des ascendants, lorsque les enfants sont majeurs ou émancipés par le mariage, tandis que les Codes italien, autrichien, hongrois, allemand et les Codes suisses de Zurich et du Tessin punissent les mêmes crimes pendant toute la durée de la vie des ascendants; ils assimilent même à l'inceste les faits de même nature qui peuvent se passer entre alliés en ligne ascendante et descendante et entre frères et sœurs (3). Il est vrai que la législation italienne limite les poursuites au cas où « les circonstances seraient de nature à causer un scandale public », mais cette limitation même démontre combien

(1) L'Italie, la Belgique et l'Espagne sont d'accord sur ce point avec la France.

(2) V. chapitre XI. *Les ascendants.*

(3) La Belgique, les Pays-Bas et l'Espagne sont d'accord sur ce point avec la France.

la loi française a été circonspecte et prévoyante en ne s'immisçant pas trop dans les mystères de famille ; car comment déterminer où le scandale commence, et les tribunaux sont-ils vraiment bons juges en pareille matière ? Mieux vaut, dans ces problèmes heureusement rares du foyer domestique, laisser la solution à la conscience.

Mais si, laissant de côté les crimes de mœurs sur les adultes qui sont rares, nous reprenons le sujet que nous avons traité plus spécialement, les crimes de mœurs sur les enfants, nous trouverons que, dans cette matière, en présence de la multiplicité des actes criminels et de leur fréquente impunité, la loi française présente des lacunes, et qu'il y a lieu sur trois points principaux de faire des emprunts aux législations étrangères.

I

Contre la corruption à laquelle il est exposé par son âge et sa nature même, l'enfant n'est réellement protégé que s'il est bien établi que cette corruption sera punie toujours et quand même, lors même que l'enfant aurait consenti aux actes incriminés. Eh bien ! les enfants ne sont placés en France dans cette situation défensive que jusqu'à treize ans : treize ans n'est même que l'âge nominal, car dès que l'enfant touche à douze ans, l'avocat élève des contestations sur les chiffres mal écrits des actes de naissance et provoque des scrupules de droit chez les jurés, en leur disant que quelques mois plus tard, la victime ayant atteint treize ans, l'accusation ne serait plus recevable : passé treize ans en droit et douze ans en fait, les crimes sur les enfants ne peuvent être punis que si le ministère public fait une preuve très rarement possible, à savoir que des violences ont été pratiquées sur l'enfant et que celui-ci a résisté. J'en appelle à tous ceux qui ont l'expérience de la Cour d'assises : est-ce que ces enfants de treize ans, malingres et rachitiques, tels que nous les voyons tous les jours, parmi lesquels les débauchés vont chercher des complices muets, sont en état de résister? Ils le sont si peu que la plupart des plaintes en crimes de mœurs se terminent par des ordonnances de non-lieu, lorsque la victime est dans la période de la vie qui va de douze à quinze ans : sans violence, le crime n'est pas punissable; avec violence, la preuve est impossible.

En 1832, la limite défensive, qui n'avait pas été indiquée dans le Code pénal de

1810, fut fixée à onze ans, malgré les efforts d'un député qui avait demandé dès cette époque que les attentats à la pudeur sans violence fussent punis jusqu'à l'âge de quinze ans : en 1863, on éleva la limite défensive de onze ans à treize ans (1), en s'inspirant de cette idée assez singulière que les pays du Midi, comme le Portugal et l'Espagne, ayant adopté douze ans, et les pays du Nord, comme l'Allemagne, quatorze ans, la France devait prendre la moyenne de treize : en présence de l'affaiblissement physique des constitutions actuelles, des influences nerveuses et de la progression du libertinage, il faudrait décider que les crimes de mœurs seront punissables, même lorsqu'ils n'auront pas été accompagnés de violence, toutes les fois que la victime du crime n'aura pas

(1) Le Code de la principauté de Monaco est la seule législation de l'Europe qui ait adopté comme la France l'âge de treize ans.

l'âge de quinze ans, qui est l'âge légal de la femme pour se marier. « Tout acte de débauche envers une jeune fille devrait être, d'une manière générale, réprimé, nonobstant son consentement, jusqu'à l'âge auquel la législation civile la reconnaît apte au mariage : ce devrait être partout la même limite. Réputée inhabile à consentir au mariage, qui est un acte licite, à quel titre serait-elle réputée capable de se prêter à un acte honteux (1)? »

II

Après avoir reporté à quinze ans la limite d'âge fixée à treize ans par l'article 331

(1) Lacointa, *Introduction au Code pénal italien*. Imprimerie nationale. MDCCCXC.

du Code pénal, il conviendrait d'introduire dans notre Code pénal une disposition analogue à l'article 247 du Code des Pays-Bas, qui est ainsi conçu :

« ART. 247. Celui qui commet des actes d'immoralité avec une personne au-dessous de l'âge de seize ans, ou excite celle-ci à commettre des actes de ce genre, est puni de prison pour six ans au plus. »

Ou si on le préfère, qu'on adopte la rédaction plus précise de l'article 335 du Code italien : « Sera puni de la reclusion pouvant s'élever à trente mois et d'une amende de cinquante à quinze cents francs tout individu qui, *à l'aide d'actes de libertinage,* aura corrompu une personne mineure de seize ans. »

Il est inutile de dire que par « actes d'immoralité » comme par « actes de libertinage » on entend des faits matériels, des faits physiques, et non la corruption résultant de lectures, images, représentations déshonnêtes ou autres faits blâmables qui seraient exclusivement du domaine de la morale.

Ce délit nouveau, qui pourrait être appelé le délit d'*excitation à la corruption,* n'étant passible que de peines correctionnelles, serait relevé utilement comme délit connexe dans toutes les poursuites criminelles pour attentats à la pudeur où les jurés sont embarrassés souvent par le mot *attentat;* mais le nouvel article aurait surtout pour but de remédier aux conséquences qui résultent de la jurisprudence de la Cour de cassation sur l'application de l'article 334 du Code pénal. L'article 334 punit le fait « d'attenter aux mœurs, en excitant, favorisant ou facilitant la débauche ou la corruption de la jeunesse de l'un ou de l'autre sexe au-dessous de l'âge de vingt et un ans »; mais d'après les arrêts les plus récents de la Cour de cassation, « cet article ne s'applique qu'aux proxénètes : il n'atteint pas celui qui, toute honteuse que soit sa propre dépravation, n'a commis que des actes de séduction personnelle et directe, et n'est pas devenu un agent intermédiaire de débauche et de corruption (1) ». Il en résulte que, malgré la minorité des victimes, les conceptions les plus sadiques échappent le plus souvent à toute pénalité.

Pour combattre cette impuissance de la loi vis-à-vis d'une contagion dangereuse, les parquets font surveiller scrupuleusement les alentours, et s'il y a la moindre fissure au huis clos, le corrupteur agissant pour la satisfaction de ses passions personnelles est poursuivi sous prévention d'outrage public à la pudeur : quelquefois même, si les faits de la prévention relèvent

(1) Arrêt de la Cour de cassation, chambre criminelle, du 15 mars 1860, *Journal du Palais*, 1861, p. 605.

la pluralité des personnes jointe à une certaine immoralité des choses, on applique l'article 334 à cette sorte d'instigation d'une école mutuelle de débauche : le corrupteur est considéré comme « agent intermédiaire de corruption » dans les termes exacts de la jurisprudence : de tributaire du proxénétisme, il devient proxénète dans sa propre cause.

Mais cette application de l'article 334 du Code pénal ne se fait jamais sans soulever contre ces voies détournées de la jurisprudence de grandes protestations au banc de la défense. On comprend bien, dit-on alors au ministère public, que vous demandiez la condamnation de X... parce qu'il aura excité directement dans l'intérêt de ses convoitises personnelles la corruption des mineures Y... et Z... ; mais on ne comprend pas que vous poursuiviez X... pour avoir excité comme intermédiaire la corruption de la mineure Y... par la mineure Z..., lesquelles mineures Y... et Z... n'avaient l'une et l'autre rien à s'apprendre mutuellement en fait de corruption.

A serrer de près, cette thèse de haute morale est plus oratoire que péremptoire, car les lois sur les mineures ne sont pas faites pour les défendre exclusivement pendant qu'elles sont vertueuses, elles les protègent en raison de leur minorité, abstraction faite de leur immoralité; et cette immoralité même dont on excipe dans la cause, qui peut affirmer qu'avant les agissements du prévenu, elle eût atteint, comme on le soutient, ses dernières limites? En pareille matière, le champ est si vaste que, quelque corrompue que soit une personne, il est toujours possible d'ajouter encore à sa corruption.

Ce qui est vrai, c'est que l'application telle qu'elle est faite de l'article 335 du Code pénal français, imposée « par la combinaison des articles 334 et 335 et l'interprétation donnée à ces articles dans l'exposé des motifs au Corps législatif, et les observations de ce corps au Conseil d'État (1) », ne saisit le mal que par ses petits côtés, prête à des discussions fâcheuses, et qu'il y aurait intérêt, pour terminer toute controverse et toute critique, à formuler un article analogue à l'article 335 du Code pénal italien.

III

Si ces idées étaient suivies, l'article 334 du Code pénal resterait propre au proxéné-

(1) Arrêt de la Cour de cassation du 12 août 1853, *Journal du Palais*, 1855, p. 280.

tisme, ce que les Italiens appellent *lenocinio;* mais après avoir établi, comme M. Berry l'indiquait dans son rapport au conseil général et comme nous l'avons montré, que les proxénètes ne réussissent dans leur métier que par le concours de courtiers, agissant isolément et par occasion, il conviendrait pour atteindre le courtage de faire disparaître de l'article 335 le mot *habituellement* et de punir, comme le Code italien l'a fait, « tout individu qui, pour satisfaire les passions d'autrui, aura entraîné à la prostitution, ou excité à la débauche une personne mineure ».

A défaut de la circonstance d'habitude, on pourrait exiger le but de lucre, comme l'ont fait les Codes allemand, le Code des Pays-Bas et le Code de Zurich. Le Code des Pays-Bas a formulé cette condition de la manière suivante : « Est punie comme entremetteur toute personne qui, en vue d'un lucre et avec intention, excite ou favorise la débauche d'un mineur avec un tiers, ou qui fait métier d'exciter ou favoriser avec intention la débauche d'un mineur avec un tiers. » (Art. 250.) En fait, le lucre se retrouve toujours, et si par hasard il se rencontrait un entremetteur qui eût agi par vengeance contre une jeune fille ou animosité contre sa famille, celui-là serait encore plus coupable que le courtier vénal déterminé par l'argent; la solution nous paraît être de laisser les circonstances du courtage à l'appréciation des tribunaux, et le projet de loi qui se bornerait à supprimer le mot *habituellement* de l'article 334 du Code pénal serait, pour nous, le plus court et le meilleur.

Dans ces conditions, la *traite des blanches* rencontrerait des difficultés qu'elle n'a pas aujourd'hui, ses courtiers ne marcheraient plus le front haut, et on ne verrait plus se produire, aux dépens de la jeunesse et quelquefois de l'innocence, des trafics à prix d'or où celui qui achète et celui qui vend bénéficient de la même impunité : l'acheteur, parce qu'il n'a cherché que la satisfaction de ses passions personnelles ; et le vendeur, parce que, s'il fait le commerce, il n'a pas la patente du métier.

IV

J'ajouterai comme remèdes indirects contre les crimes de mœurs et surtout contre les crimes des ascendants, la fréquentation des asiles et des écoles, qui empêchent les enfants de vaguer dans les maisons, et l'application de plus en plus rigoureuse de la loi faite en 1889, sur l'initiative de M. le sénateur Roussel, membre de l'Institut, sur *la protection des enfants maltraités ou moralement abandonnés*. L'article 2 de cette loi permet d'enlever la puissance paternelle aux pères et mères qui compromettent, par une inconduite notoire et scandaleuse, la moralité des enfants ; et d'après l'article 3 de la même loi, l'action en déchéance peut être exercée non seulement par des parents, mais par le ministère public. Les crimes des ascendants dont nous avons fait l'histoire, ont plus ou moins de retentissement dans les maisons, les voisins les connaissent, et ces relations honteuses arrivent bien vite, au moins comme rumeur, à l'oreille des commissaires de police. Que ceux-ci prennent l'initiative de signaler ces rumeurs au Parquet; sous un prétexte ou un autre, on menacera le père de lui retirer son enfant ; pour éviter un jugement de déchéance qui serait connu de ses voisins et lui causerait une humiliation, le père préférera placer l'enfant quelque part, et celui-ci sera sauvé. Le point important était d'avoir une sanction à l'injonction qui serait faite au père de placer l'enfant hors de chez lui : cette sanction sera la déchéance ; on ne peut douter qu'elle ne soit efficace, car il est à remarquer que ceux qui sont le moins pères et qui n'en remplissent aucun des devoirs, tiennent cependant à n'être pas déchus : on le voit tous les jours par la résistance que les plus misérables apportent à l'exécution de cette déchéance, dans les affaires de mendicité.

Enfin il y a les logements qui jouent un grand rôle dans la démoralisation de la famille : que le lecteur veuille bien se rappeler ce que j'ai dit de cette promiscuité ; j'ai vu dans une information suivie contre un père pour crime de mœurs sur sa fille, la dénonciation venir du frère qui, par les conditions du logement, avait été le témoin de la débauche paternelle. Les logements que la Société philanthropique fait construire dans tous les quartiers de Paris, ayant deux pièces au moins et rassemblant sous une seule clef tout ce qui est nécessaire aux exigences de la vie, feront beaucoup, s'ils se développent, pour moraliser les classes pauvres, et je reproduis sans commentaires la page suivante du compte rendu présenté à l'Assemblée générale de la Société philanthropique du 2 juin 1891 par M. Sangnier :

« La maison de l'avenue de Saint-Mandé, n° 3, est plus grande que ses deux sœurs. Elle contient 55 logements, 10 de plus que la maison du boulevard de Grenelle. Le nombre des pièces varie dans chaque appartement, mais tous ont une cuisine et un water-closet particulier. Quelques logements, une quinzaine environ, ont une cuisine avec un fourneau moderne, une salle à manger et deux grandes chambres. *Pas un coin de la maison n'est obscur.* L'eau et le gaz circulent partout au gré du locataire. Une grande amélioration sera faite dans cette construction; notre habile architecte trouvera le moyen d'établir dans la grande cour un lavoir et un séchoir. Les femmes de nos ouvriers pourront, à tour de rôle, laver le linge de la famille sans sortir de la maison, et le faire sécher sans l'étendre dans leurs logements. Cette innovation supprime le lavoir public, lieu de démoralisation, et protège les enfants contre les maux d'yeux trop souvent causés par l'évaporation malsaine du linge étendu dans les chambres. »

En résumé, combattons les crimes d'amour par les verdicts du jury et les crimes de mœurs par des réformes législatives : développons les asiles de l'enfance, exerçons un contrôle sévère de l'autorité paternelle et fondons des cités ouvrières pour les pauvres. Voilà les remèdes préventifs que notre état social peut fournir : au-dessus d'eux, il y aura toujours les remèdes religieux et moraux, ceux qui rendent l'âme humaine plus forte que l'amour et supérieure à l'entraînement des sens; mais il n'y a pas lieu de distinguer, au point de vue moral, comme nous l'avons fait au point de vue social, entre les remèdes préventifs et les remèdes répressifs : les remèdes moraux pour prévenir le mal sont les mêmes que pour le réprimer; si celui qui n'a jamais failli a une dose moindre d'expérience, il a, en retour, plus de force de résistance, et, tout compte fait, la médication avant et après la chute ne diffère pas sensiblement : aussi avons-nous réuni dans le chapitre suivant, relatif aux condamnés, toutes les considérations que le côté moral du sujet pouvait offrir.

CHAPITRE XIX

REMÈDES RÉPRESSIFS.
LA RÉGÉNÉRATION PAR LES PATRONAGES.

« La passion, a dit Mme de Staël, est une griffe de vautour, sous laquelle le bonheur et l'indépendance succombent. » Au bonheur et à l'indépendance ajoutez, comme succombant également sous la griffe de la passion, la fortune, la liberté et l'honneur, lorsque la passion est devenue criminelle.

La peine qui réprime les crimes inspirés par la passion n'est pas un remède : après que le condamné a payé sa dette à la justice, si rien n'est changé dans la nature intime de son être, vautour et libéré se rejoignent. Pour que la peine devienne un remède, il faut qu'elle produise la régénération ; après le crime, la peine ; après la peine, la régénération.

« A la suite de l'histoire du crime, dit Dostoïewsky en terminant *Crime et châtiment,* commence une seconde histoire, l'histoire de la lente rénovation d'un homme, de sa régénération progressive, de son passage graduel d'un monde à l'autre. Raskolnikoff ignorait que la nouvelle vie ne lui serait pas donnée pour rien, et qu'il aurait à l'acquérir au prix de longs et pénibles efforts. »

L'expérience de la Cour d'assises démontre la difficulté de ces efforts : on y apprend que mal agir conduit souvent à beaucoup souffrir ; mais que pour ne pas mal agir, il faut ne pas sentir le mal, ou le fuir, dès qu'on l'a senti. La maladie, disait-on autrefois, vient à cheval et s'en va à pied : le mal moral vient à pied et ne s'en va pas.

La plante qu'un souffle impur a touchée, se dessèche et meurt, si elle languit sur elle-même : mais transplantez-la dans un sol nouveau, donnez-lui plus de rosées et plus de brises, dans une atmosphère salubre qu'elle ne connaissait pas, vous la verrez relever la tête et reprendre à la vie.

Il en est ainsi de l'homme que le génie du mal a effleuré ; changez son milieu, le milieu local si vous le pouvez, le milieu social le plus possible, le milieu moral toujours. La *sociologie,* c'est-à-dire la science du milieu social, est la plus vraie peut-être des sciences anthropologiques ; c'est à l'aide des observations de cette science que le docteur Manouvrier a battu en brèche les théories de Lombroso, en démontrant que s'il n'y avait pas de criminel-né *naturellement,* il y avait un criminel-né *socialement,* c'est-à-dire un être générique, typique, presque uniforme, devenu tel par le milieu qu'il fréquentait : si quelqu'un veut s'en convaincre, qu'il suive devant la Cour d'assises de la Seine ce qu'on appelle une affaire de bande (1).

(1) Dans les affaires de bandes de voleurs qui comprennent souvent plus de dix accusés, tous les types se ressemblent, depuis le chef ou les deux chefs, car il y en a, en général, deux, l'un s'imposant par sa force physique et l'autre par les astuces de son esprit, jusqu'aux comparses, depuis les hommes jusqu'aux femmes, concubines de l'un ou l'autre des accusés et receleuses de tous; leur langage est le même, et ils paraissent fondus dans le même moule. Quelquefois la bande est d'accord, chacun a pris son rôle, et, grâce à des promesses d'argent faites par les moins compromis, on s'entend pour jeter ces derniers par-dessus bord, leurs complices leur délivrent des brevets d'innocence; mais, le plus souvent, la discorde règne, des batailles que les gardes ont de la peine à contenir s'engagent dans les couloirs, c'est le châtiment des délateurs : chacun cherche son salut aux dépens de l'autre; on entend un feu roulant d'accusations, et le ministère public n'a plus qu'à écouter. Mais le point le plus intéressant à noter, c'est la singulière complaisance avec laquelle ces individus parlent d'eux-mêmes et déprécient leurs collègues du banc des accusés; celui-là qui parle est le seul, à l'entendre, qui sût son métier, et les autres étaient très bêtes! Quand le jury a rendu son verdict, acquittant les uns, condamnant les autres, et que la répartition des peines a été faite par la

Changer le milieu moral d'un condamné, c'est changer le cours de ses idées, les détourner des régions inférieures où elles étaient stagnantes, pour les faire remonter vers des sources toutes différentes de lumière et de bonheur, éveiller chez lui le sens de la conscience, le sentiment de Dieu avec l'espérance d'une vie meilleure, le goût de la dignité et du travail, avec des aspirations jusqu'alors inconnues pour lui du côté de la considération et de l'estime de ses concitoyens. « Je suis loin de contester l'efficacité et la nécessité de la peine, écrivait M. Jules Simon (1), mais je dis qu'une société qui compte uniquement sur la peine pour rétablir la moralité est une

Cour, un moraliste pourrait inscrire comme épigraphe sur la chemise du dossier ces vers de La Fontaine :

« Jupin les renvoya s'étant censurés tous,
« Du reste contents d'eux. »

LA FONTAINE, *Fables*, liv. Ier, fable VII : *La Besace*.

(1) *Mon petit journal*, journal *le Temps*, juin 1892.

société perdue. C'est sur la foi qu'il faut compter : foi philosophique ou foi religieuse. C'est sur l'éducation, sur la famille, sur l'influence des mères, sur la restauration de l'autorité paternelle. On dit que la société périt par l'indulgence des juges. Mais d'où vient cette indulgence? De la même source d'où proviennent les crimes. C'est l'affaiblissement du sentiment du devoir, l'effacement de la croyance en Dieu, le scepticisme et l'indifférence substitués aux fortes croyances d'autrefois qui arment le bras des assassins et désarment le bras de la justice. J'aime mieux élever l'homme que le châtier. Le remords me rassure plus que le bourreau. Ce n'est pas un bourreau qu'il faut donner à l'humanité pour la guérir : c'est une conscience. »

Mais quel sera le moyen pratique pour changer le milieu moral du condamné et lui faire accepter les idées dont nous parlons, de manière que, pénétrant peu à peu dans sa nature, elles puissent lui faire un tempérament nouveau?

Ce sera le patronage.

Les patronages qui nous occupent se divisent en deux branches : les patronages des jeunes gens et ceux des adultes; mais ils ont ce lien commun qu'ils s'appliquent exclusivement aux *condamnés*, c'est-à-dire à des individus qui, après avoir été condamnés par la justice, ont subi leur peine ou obtenu provisoirement leur libération.

Pour un condamné dont l'état est ainsi défini, que peut-on faire? L'abandonner à lui-même, c'est le vouer à la récidive. « C'est fatal, voyez-vous, disait un récidiviste à son juge. On est condamné, on subit « son temps » et on est repoussé. Alors, quoi! On fait mal encore. Et on n'est sorti de prison que pour y rentrer. » Le recevoir chez soi est chose dangereuse, et la légende du forçat libéré volant, comme Jean Valjean, les chandeliers d'argent du bon évêque de Digne qui l'a hospitalisé, a été plus d'une fois une vérité : lui donner de l'argent, c'est l'encourager à la paresse ; que faire pour lui ?

L'idée vraie sera de le *patronner*, c'est-à-dire d'investir le condamné, malgré ses antécédents qui prêtent à la défiance, d'un contrat de confiance, aux termes duquel le patronage promettra l'assistance, et le patronné l'obéissance ou, pour me servir d'une expression un peu scolastique, mais plus douce, l'observance ; l'assistance consistera dans une aide morale et matérielle, que le patronage appropriera à la situation du condamné, et l'observance, dans l'accomplissement fidèle par celui-ci des conditions mises par le patronage à cette assistance : le patronage sera moins qu'un maître et plus qu'un bienfaiteur : il procurera au patronné, en dehors de toute servitude et par l'exécution toujours honorable d'un contrat, ce qui manque le plus à la vie du condamné, la règle dans la liberté.

Les enfants et les vieillards aiment qu'on s'occupe d'eux; les condamnés ont cet instinct des faibles, en y joignant la susceptibilité ombrageuse, propre aux gens qui ont eu des épreuves. Qu'on s'occupe de leurs besoins, c'est la chose qui les touche davantage, et ils proportionnent leur reconnaissance à la situation plus ou moins élevée de ceux qui leur témoignent cette sollicitude. J'engage les hommes que l'oisiveté d'un dimanche d'hiver oppresse, ou qui subissent avec les années le désenchantement de la vie, à visiter les patronages; ils reconnaîtront la vérité de ce mot de Balzac : « La consolation de ceux qui n'ont pas de bonheur est de rendre les autres heureux », car l'ingratitude n'y est pas à l'ordre du jour : le condamné est en général reconnaissant ; bien des natures qui paraissaient mauvaises étaient simplement effarouchées.

Je citerai comme exemple de sentiments reconnaissants cette lettre de bonne année, adressée le 1er janvier 1892 par un condamné au président de l'un des grands patronages de jeunes gens de Paris : « Comment se peut-il que des hommes s'occupent de nous, écrivent de tous côtés, passent un temps si précieux à recueillir de tous côtés cette multitude d'infortunés que la Providence a privés de leurs parents, s'ils n'ont pas un but réfléchi ? Alors, si l'on raisonne, si l'on regarde en arrière, que l'on classe tous ces petits incidents qui à chaque instant font époque, on réfléchit et on se dit : Combien sont dignes d'estime ceux qui veulent faire des honnêtes hommes ! C'est bien beau. Et béni soit le jour de l'an qui vient nous obliger presque à comprendre toutes ces belles choses. »

Le président auquel cette lettre était destinée, était M. Voisin, conseiller à la Cour de cassation, président de la *Société de protection des engagés volontaires ;* le patronage de M. Voisin régénère les jeunes détenus par la discipline militaire : il favorise l'engagement de ceux qui sont détenus dans des colonies pénitentiaires : après les avoir fait engager, il les surveille et les encourage : ce sont des pupilles au sujet desquels les colonels envoient des notes confidentielles, qu'on réconforte par des lettres fréquentes et au besoin par des voyages faits par des membres de la Société dans les garnisons, quand le soldat traverse une crise ; il y a plus de 5,000 francs au budget de l'œuvre pour ces voyages qui sauvent bien des situations : la Société est consultée sur les rengagements ; si le pupille se rengage, on place sa prime à la caisse d'épargne avec une bonification de 6 pour 100 ajoutée par le patronage, ce qui lui procure en réalité 9 pour 100 : quand son service militaire est fini, on lui cherche une place dans la vie civile ; au 31 décembre 1891, il y avait sous les drapeaux six cents jeunes détenus engagés par la Société (1), et la plupart de leurs notes étaient excellentes : un colonel dit de l'un : « Je désirerais de tout cœur que tous les soldats fussent comme lui, je partirais volontiers en campagne. » On dit d'un sol-

(1) Voici l'état par grades et emplois de ces jeunes détenus. *Grades :* Sous-chef de musique, 1 ; adjudants, 3 ; sergents-majors, 3 ; maréchaux des logis et maréchaux des logis fourriers, 5 ; sergents, sergents fourriers et seconds-maîtres, 35 ; brigadiers, 7 ; caporaux, caporaux fourriers et quartiers-maîtres, 58. *Emplois :* Musiciens, 21 ; tambours, 8 ; clairons, 25 ; trompettes, 4 ; moniteurs de gymnastique, 3 ; prévôts d'escrime, 2 ; tailleurs, 16 ; cordonniers, 16 ; armuriers, 3 ; professions diverses, 26 ; équipages de la flotte, 71 ; simples soldats, 293. Total : 600.

dat d'infanterie de marine qui a été au Dahomey : « Il s'est montré pendant la campagne bon soldat, courageux et dur à la maladie, ayant eu la fièvre comme ses camarades. » Enfin, un capitaine de vaisseau écrit d'un gabier breveté, qui peut-être avait été envoyé en correction pour vol : « Excellent serviteur, tout à fait digne de votre haute bienveillance : je l'ai choisi comme patron de ma baleinière, poste de confiance (1). » Un autre a été nommé brigadier, et il l'annonce à la Société dans les termes suivants :

« C'est à vos pieds, cher protecteur, que je remets les galons de brigadier que l'on vient de coudre sur mon dolman, car c'est grâce à vous, cher Monsieur, que je les ai.

(1) Je puis citer encore cette note relative à un sergent : « Toujours le même. Depuis vingt-quatre ans que je suis au service, je n'ai jamais trouvé de sujet plus digne d'intérêt ; il a été nommé sergent le 29 octobre dernier, et il vient de se rengager pour cinq ans ; le jour même, il plaçait à la Caisse d'épargne les 600 francs qu'il venait de toucher. »

« Veuillez excuser ma brièveté et ma mauvaise écriture, car je suis sous l'empire d'une violente émotion (1). »

Voici maintenant la *Société de patronage des jeunes détenus et des jeunes libérés du département de la Seine;* tous les dimanches matin, de neuf à dix heures, la paisible rue de Mézières voit accourir les jeunes patronnés avec un petit paquet sous le bras : il y a un an ou deux, ils étaient à la Petite Roquette, attendant le moment de partir pour une maison de correction où ils seraient restés jusqu'à vingt ans ; mais le visiteur de l'œuvre a su qu'ils méritaient intérêt, l'œuvre a fait en leur nom chez un bon patron un contrat d'apprentissage, elle a

(1) Lorsque M. Voisin était préfet de police, il vit se perdre dans les prisons des forces vives qui pouvaient, si elles étaient bien canalisées, tourner à l'avantage du pays. De là lui vint la pensée de les diriger vers le service militaire : il a consacré à son patronage comme membre de la Société des prisons et président du conseil de l'Assistance publique, tous les avantages que sa situation et sa compétence particulière lui donnaient.

obtenu leur libération provisoire, et aujourd'hui ils sont apprentis à Grenelle, à la barrière Blanche ou à Charonne, d'où ils arrivent : ce petit paquet, c'est leur linge sale qu'ils échangeront contre du linge blanc remis par la Société, car c'est elle qui les blanchit ; en les plaçant, elle leur a donné une literie complète, et elle attache avec raison une grande importance à cette partie matérielle du patronage. On examine leurs notes, une instruction religieuse leur est adressée, on leur fait un cours de français, un bon déjeuner les attend, les *anciens* qui sont soldats font faire l'exercice, d'autres soldats concourent avec des professeurs à des cours de musique militaire, et vers quatre heures tout ce petit monde ouvrier retourne chez lui, pas plus riche que le matin, mais, ce qui vaut mieux, le cœur plus content.

La pierre de touche des patronages,

c'est le chiffre des récidives ; moins il y a de récidivistes parmi les patronnés, plus le patronage est bon. L'institution même du patronage n'a été préconisée pour la régénération des condamnés que parce qu'il a été démontré qu'aucune autre n'était aussi propre à diminuer les récidives. Au congrès pénitentiaire de Stockholm, qui eut lieu en 1870, il fut établi, à l'aide des documents statistiques fournis par les divers représentants de l'Europe, que la diminution de la récidive correspondait à l'extension des patronages : le président du comité hongrois déclara alors qu'en quatre années, sur deux cent trente condamnés libérés qui avaient été recueillis, on n'avait observé que sept cas de récidive. La Société des jeunes détenus est arrivée à des résultats aussi satisfaisants : en 1831, la récidive était de 75 pour 100; en 1868, elle variait entre 5 et 7 pour 100; en 1891, la moyenne a été de 6 1/2 pour 100. C'est le meilleur éloge qu'on en puisse faire (1).

Le principe des pénitentiaires moralistes comme M. Voisin et M. Guillot est qu'il faut laisser les jeunes détenus à la Petite Roquette ou à Saint-Lazare assez de temps pour qu'ils n'aient aucune envie d'y retourner, pas assez pour qu'ils aient pris l'accoutumance des prisons : acquittés par les tribunaux comme ayant agi sans discernement, mais envoyés jusqu'à vingt ans dans une maison de correction, on les libère

(1) La Société de patronage des jeunes détenus et des jeunes libérés du département de la Seine a été fondée il y a cinquante-neuf ans; elle a été personnifiée pendant près de trente ans par un avocat du barreau de Paris, très actif et profondément charitable, qu'une mort prématurée a enlevé l'an passé, M. Bournat; un autre avocat, M. Gabriel Joret-Desclosières, en est le président, et le conseil d'administration compte dans ses rangs : MM. Binoche, Paul Bonnet, Chenal, Jourdan, Lacoin, Varin, en même temps que M. Petit, conseiller à la Cour de cassation, M. Thureau, vice-président du tribunal, et M. Guillot, qui s'est dévoué aux jeunes détenus, non seulement dans ses études philosophiques et morales, mais dans ses instructions judiciaires; il en a le monopole et l'exerce dans l'intérêt du bien. M. de Corny, avocat à la Cour d'appel, est le secrétaire de la Société.

provisoirement, avec la faculté de les réintégrer s'ils se conduisent mal ; cette appréhension est suffisante, mais indispensable pour les maintenir dans la bonne voie (1). Un des auteurs du livre *Les enfants en prison* (2), qui est à la tête d'un grand patronage, le *Patronage de l'enfance et de l'adolescence,* s'occupant surtout des plus jeunes enfants, avait cru longtemps qu'on pouvait leur éviter la promiscuité même temporaire de la prison en les plaçant tout de suite et avant tout jugement dans une maison d'apprentissage : il allait de chambre en chambre et du tribunal à la Cour en avocat voyageur, guettant au coin du banc des prévenus le petit vagabond qui lui était recommandé,

(1) Envoyez un enfant dans une maison de correction jusqu'à vingt ans, à dix-huit ans, il s'engagera pour être libre deux ans plus tôt et fera un bon soldat ; que le même enfant soit libérable à dix-huit ans, dès dix-sept ans il s'agite à la pensée de rentrer dans le monde, et libéré, ne songe plus qu'aux dédommagements d'une adolescence captive.

(2) M. Rollet.

avec la bonne fortune de surprendre quelquefois un incognito dont il démêlait l'histoire ; à huitaine, l'enfant auquel le dévouement de M. Rollet avait trouvé une situation, lui était remis directement, mais trop souvent, hélas ! l'enfant revenait quelques semaines plus tard devant le même tribunal, ayant en plus à son dossier cette lettre du patron, constamment la même : « ...Nous n'avions qu'à nous louer de X... il a disparu sans motifs... après son départ, nous avons découvert qu'il s'était fait un petit pécule à nos dépens... » Purifiée dans une maison charitable et placée en onde claire, la mineure Z..., dont M. Rollet avait été nommé tuteur *ad hoc* au cours d'un procès célèbre, disparut un soir et rentra tranquillement dans sa bourbe. La lettre de cachet pour la Roquette ou Saint-Lazare, M. Rollet l'a reconnu depuis cette époque, est pour les jeunes détenus un gage de repentir.

Il y a deux œuvres qui bénéficiaient des collectes du jury sans constituer des patronages de jeunes détenus, c'était la *Société d'apprentissage de jeunes orphelins* (1) et l'*Association pour le placement en apprentissage et le patronage d'orphelins des deux sexes* (2) : mais elles participaient également aux choses judiciaires, car parmi les orphelins dont elle s'occupait, il y avait une catégorie spéciale prise parmi les enfants des condamnés : la Société d'apprentissage a pour président M. Georges Picot, membre de l'Institut, dont le nom et la personne sont restés chers au Palais (3); elle prend sous son patronage... « 4° les enfants dont le père est détenu et ne peut pourvoir à leur éducation »; et l'Associa-

(1) Rue du Parc-Royal, n° 10.

(2) Rue de Turenne, n° 3.

(3) M. Picot, ancien juge et juge d'instruction au tribunal de la Seine, a été l'un des premiers magistrats qui se soient occupés de la condition des jeunes détenus.

tion de la rue de Turenne patronne... « 2° les enfants dont le père est sous le poids d'une grave condamnation, lorsque la durée de la détention est au moins égale à la durée présumée de l'apprentissage du candidat (1) ».

Les hospitalités de nuit sont des patronages pour la nuit : elles offrent un abri moralisateur et servent d'indicatrices pour le travail. Dans l'asile de femmes de la rue Saint-Jacques, Mathilde M... trouvera un refuge, si elle quitte le salon corrupteur de sa mère ; Marthe B... échappera aux violences de Marcel, et les limiers des placeuses

(1) M. Bonjean, dont le nom rappelle tant de souvenirs, a fondé une société qui, moins spéciale pour les jeunes détenus que celles de M. Bournat et de M. Rollet, s'occupe cependant de les placer. Cette société porte le nom de *Société générale de protection pour l'enfance abandonnée ou coupable, 47, rue de Lille, Paris*. Elle a une école militaire à Crozatier, mais son but principal est de former des agriculteurs : ainsi récemment elle a établi une école de jeunes jardiniers à Nice pour les pupilles qui avaient besoin du soleil du Midi ; sa grande école d'agriculture est à Orgeville dans l'Eure, elle y joint un domaine agricole à Bordeaux et une école rurale à Saint-Aquilin (Eure), pour les anciens pupilles qui ont besoin d'un temps momentané de repos.

perdront la piste de leur proie. A cause du voisinage de la Maternité, les femmes près d'accoucher sont reçues rue Saint-Jacques ; la certitude d'y trouver un asile a épargné bien des crimes d'avortement et d'infanticide à la Cour d'assises.

J'arrive ainsi aux deux grands patronages d'adultes, l'*Œuvre des libérées de Saint-Lazare* de Mme Bogelot et le *Patronage des libérés* du sénateur Bérenger. Sur l'œuvre des libérées de Saint-Lazare tout a été dit par M. Maxime Du Camp, et moi-même, au chapitre des *Victimes,* j'ai fait connaître la nouvelle création des *Petits asiles* établis à Billancourt : il y a cependant dans la permission accordée aux dames de Saint-Lazare, de visiter les femmes condamnées dans les prisons, un point de vue tout à fait spécial à l'Œuvre que je ne saurais laisser de côté, car je retrouve, à ce sujet, un ensemble d'impressions profondes bien anciennes dans ma vie (1).

Qui n'a souvent rencontré aux abords d'une ville où existe une maison centrale,

(1) Ces réflexions m'avaient surtout été suggérées par la maison centrale de Melun, quand j'allais présider les assises de Seine-et-Marne; cette maison centrale est une des mieux tenues qu'il y ait en France, et j'allais souvent la visiter, rencontrant parfois, malgré l'uniformité du type reclusionnaire, des figures qui ne m'étaient pas inconnues; à la fin de la session, les jurés demandaient presque toujours à connaître la maison centrale, et on les y autorisait facilement. Un jour, quelques-uns qui étaient maires de leur village revinrent peu satisfaits, en disant que les reclusionnaires en France étaient mieux logés que leurs administrés. Ils ne s'étaient arrêtés qu'à la propreté très grande des cellules bien frottées chaque matin par les détenus avec des verres de bouteilles, et dont tous les ustensiles étaient neufs dans un bâtiment nouvellement construit; mais ce qui aurait dû les frapper davantage, c'était la discipline de fer, le silence perpétuel, le tournoiement taciturne pendant les récréations de neuf à douze cents hommes dont les sabots frappent en cadence les dalles d'un préau, le travail continu et austère; tous les condamnés redoutent la maison centrale, ils préfèrent le voyage *à la Nouvelle* qui est pour eux la fin de leurs aventures; aussi un projet de loi très sage a-t-il proposé dernièrement de substituer *la reclusion aux travaux forcés* comme la dernière peine dans l'échelle des peines. Il est certain que les générations actuelles ne connaissent plus l'horreur qui s'attachait autrefois au nom de forçat; vingt ans de reclusion dans une maison centrale feraient plus d'impression aujourd'hui que vingt ans de travaux forcés.

un corbillard très pauvre que nul ne suit? C'est un détenu que la mort a libéré : le gardien de la prison suit à certaine distance, surveillant son mort et devant lever le dernier écrou, quand les pelletées de terre réglementaires auront résonné sur la bière de l'administration. Il y a dans la prison des malades et des vieillards, quelques-uns sont condamnés à vie : s'ils n'ont pas d'autre perspective d'en sortir que par cette porte-là, quelle tristesse ! et comment ne béniraient-ils pas le visiteur qui, animé par des pensées d'*au delà,* ferait luire dans leur pauvre cellule l'aurore d'une autre vie ! Mon vieux maître, M. Falconnet, dont je veux parler encore avant de terminer ces *Souvenirs,* quand on le visitait dans sa retraite aux dernières heures de sa vie, citait volontiers ce mot de l'*Imitation :* *Cella continuata dulcescit* (1) : à rester

(1) M. Falconnet, qui avait publié en 1865 une Vie de

longtemps dans sa cellule, on finit par s'y plaire; mais sa pensée était éclairée par une philosophie douce, un peu mystique comme celle de l'École lyonnaise, et on pouvait dire de lui ce que Mme de Sévigné écrivait du grand Arnauld de Port-Royal : « Plus il approche de la mort, plus il s'épure. »

On ne peut pas demander la même philosophie de la mort aux hommes dont nous parlons : les visiter dans leur prison est difficile à concilier avec la discipline sévère d'une maison centrale; cependant les visites des détenus existent en Belgique, et le congrès de Stockholm les recommandait en 1870, estimant « que c'était uniquement à l'aide de ces visites que l'on parviendrait à reconnaître avec quelque certitude quelles

Daguesseau, avait appliqué cette citation à Daguesseau, quand celui-ci se retira en 1722 à Fresnes, le Régent lui ayant retiré les sceaux.

étaient les âmes que l'on pourrait relever de leur déchéance, le recueillement de la prison permettant d'étudier plus aisément et plus complètement l'état d'esprit de ces malheureux » ; mais, quel que soit le sort de ces idées, c'est un heureux privilège pour les détenues de Saint-Lazare et de Nanterre, que de pouvoir ainsi être soutenues, éclairées et consolées par l'œuvre des libérées de Saint-Lazare.

Le *patronage des libérés,* fondé par M. Bérenger, est le plus important des patronages ; nous n'avons vu jusqu'à présent que les enfants et les femmes ; ici, c'est l'homme dans la force de la vie, tel que nous l'avons connu à la Cour d'assises, ayant en plus le visage déprimé et le teint à pâleur mate que donne le séjour des prisons. Un soir, à quatorze ans, ce libéré, qui jusqu'alors s'était bien conduit, n'est pas rentré chez son père ; il y est revenu par intermittences et s'est établi définitivement dans un garni. A la même époque, il a quitté son patron, parce qu'il prétendait ne pas gagner assez; quelles causes l'ont perdu? Une seule, que les rapports des commissaires de police indiquent toujours dans les mêmes termes : les mauvaises fréquentations. C'est l'âge du vol des boîtes de sardines et du serpentement à travers les foules pour voler les porte-monnaie à la *tire*. A dix-neuf ans, il est devenu cambrioleur : le cambrioleur est le braconnier des villes, furetant pendant le jour, opérant la nuit, luttant contre les *sergots*, comme les vrais braconniers contre les gardes, et arrivant surtout à ne plus aimer que cette vie d'escapades nocturnes et d'aventures, qui lui font prendre le travail en dégoût. Dès qu'un homme commence à voler et une femme à se débaucher, ils prennent le travail en horreur :

ils le détestent parce que leur imagination se repaît des aventures de leur nouvelle vie ; et quand la lassitude arrive, ils continuent quand même, parce qu'à défaut du travail, il leur faut des ressources pour vivre. Une femme qui se livrait à la prostitution disait à un juge : « Je comprends vos reproches et j'ai honte de moi-même, mais que voulez-vous? ce qui me plaît dans la vie que je mène, c'est d'être libre, je sors quand je veux, et je ne travaille pas... » Surpris au dernier étage d'une maison où il crochetait une porte, celui-ci n'a pas eu la chance de l'autre qui a pu s'enfuir, car les cambrioleurs opèrent toujours deux à deux, et celui qui échappe fournit dans la prison des subsides à l'autre; traduit devant la Cour d'assises, le jury de Paris, qui n'est pas tendre pour les voleurs, l'a envoyé en *Centrale,* d'où il est sorti, le matin même, avec l'intention de changer de vie.

Comment pourra-t-il y arriver ?

M. Bérenger pourvoit à cette situation. « Il n'y a pas de misère plus profonde, ni plus réellement digne de pitié, que celle du malheureux qui, sortant de prison après avoir expié sa peine, avec la ferme résolution de racheter sa faute par la bonne conduite et le travail, ne rencontre que défiance et refus et se voit rejeté, malgré lui, dans toutes les suggestions de l'oisiveté, de la détresse et de la faim. C'est pour apporter à cette misère l'assistance sans laquelle tant de bonnes volontés succombent, tant de nouvelles recrues viennent augmenter, au grand détriment de la société, le contingent de la criminalité et les éléments de désordre public, que s'est fondée l'institution du patronage des libérés (1). »

(1) Discours de M. Bérenger à l'assemblée générale du patronage des libérés, du 9 avril 1884.

Le patronage des libérés recevra le condamné pendant six jours ; les trois premiers jours seront consacrés au travail intérieur, dans la maison, pour le calmer et lui permettre de gagner quelque chose ; pendant les trois derniers jours, il sortira tous les matins jusqu'à midi pour chercher du travail, et le reste de la journée, il travaillera dans la maison (1). Après avoir travaillé à fabriquer des cartonnages, les libérés sont employés à une œuvre facile et plus fructueuse : la confection des *ligots*, petits fagots faits avec du menu bois et de la résine

(1) Les libérés doivent s'adresser à un bureau central établi rue de l'Université, 176. Chose bien humaine ! ils eurent de la peine à s'y habituer, craignant d'y retrouver la police et une surveillance survivant à leur libération. Aujourd'hui, ce préjugé est tombé, et le chef du bureau central adresse, après examen des situations, les hommes rue de la Cavalerie, 4 *bis*, et les femmes rue de Lourmel, 49. Il restait une classe spéciale de libérés pour lesquels rien n'étaient prévu, c'était les *libérés provisoires* qui avaient obtenu, à titre d'essai, une libération de peine anticipée ; le comte de Laubespin, sénateur de la Nièvre, a fait un don de 40,000 francs avec lequel un troisième asile, l'asile Laubespin, a été fondé et fonctionne aujourd'hui efficacement.

pour les charbonniers ; avec le travail, les idées saines rentrent peu à peu dans la tête du libéré ; la dernière ombre de la maison centrale s'efface, il redevient *civis,* comme disaient les Romains, et quand les efforts de la Société sont couronnés de succès, ce qui arrive souvent, puisque les récidivistes sont très peu nombreux parmi les libérés dont elle s'occupe, le patronage des libérés a atteint son but, qui est le réveil de la conscience.

« Il y a une chose, disait le président de l'assemblée du patronage du 17 mars 1889, qui ennoblit et glorifie notre civilisation mieux que tous nos boulevards, nos colonnes de marbre, nos rues bien tracées : c'est la volonté persévérante d'arracher au mal ceux qui ont succombé, de faire un homme de bien de celui qui était hier un bandit (1). »

(1) M. Bardoux, sénateur, membre de l'Institut.

CONCLUSION

S'il y a des passions criminelles, il y en a donc aussi de pures et de généreuses, celles-ci aussi ardentes pour la vertu que celles que nous avons peintes l'étaient pour le crime, les unes servant de contrepoids aux autres, mais les passionnés pour le bien devenant au bout de la route et par l'effort du dévouement, les patrons des passionnés pour le mal.

Les notes hautes sont quelquefois endormies dans la conscience humaine, rarement elles y meurent, et vous les entendrez presque toujours dans la solitude et la souffrance répondre sourdement à l'appel qui leur est adressé.

Il faut persuader aux tombés qu'ils se relèveront, à ceux dont le sang est vicié que le sang s'épure, aux prisonniers de leurs habitudes que vouloir, c'est se libérer.

Ne laissez pas à des âmes faibles une foi trop commode dans une étoile fatale, et que le condamné ne croie pas que dans la nature où tout meurt et ressuscite, lui seul n'est pas sujet au renouvellement !

Sur le fronton du grand cimetière italien de Vérone, se dresse l'ange du Réveil ayant à sa droite l'Histoire et à sa gauche la Justice, et au-dessous du groupe une inscription monumentale, qui frappe de loin les regards des voyageurs, porte ces mots :

RESURRECTURIS

A ceux qui doivent ressusciter.

C'est l'inscription qu'il faudrait mettre en France au-dessus de la porte des huit maisons centrales.

FIN

TABLE DES MATIÈRES

PARIS

TYPOGRAPHIE DE E. PLON, NOURRIT ET Cie

rue Garancière, 8